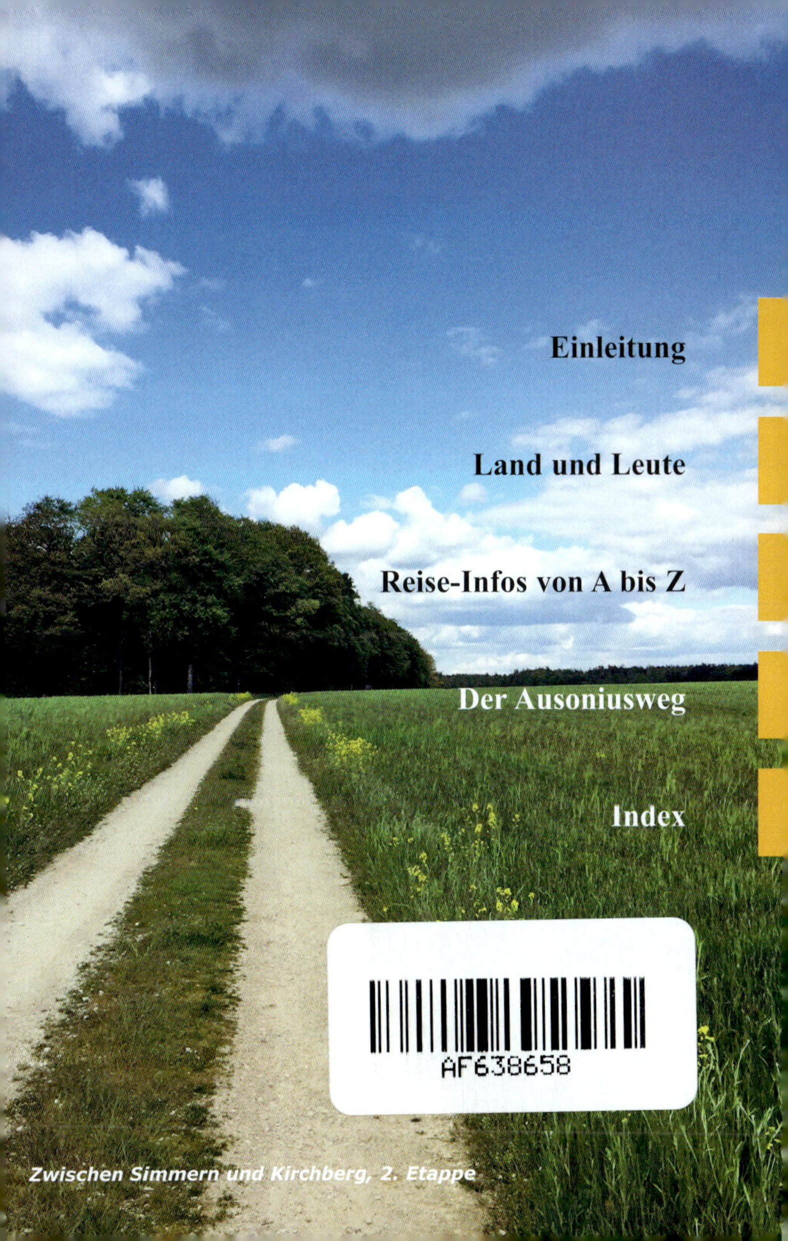

Zwischen Simmern und Kirchberg, 2. Etappe

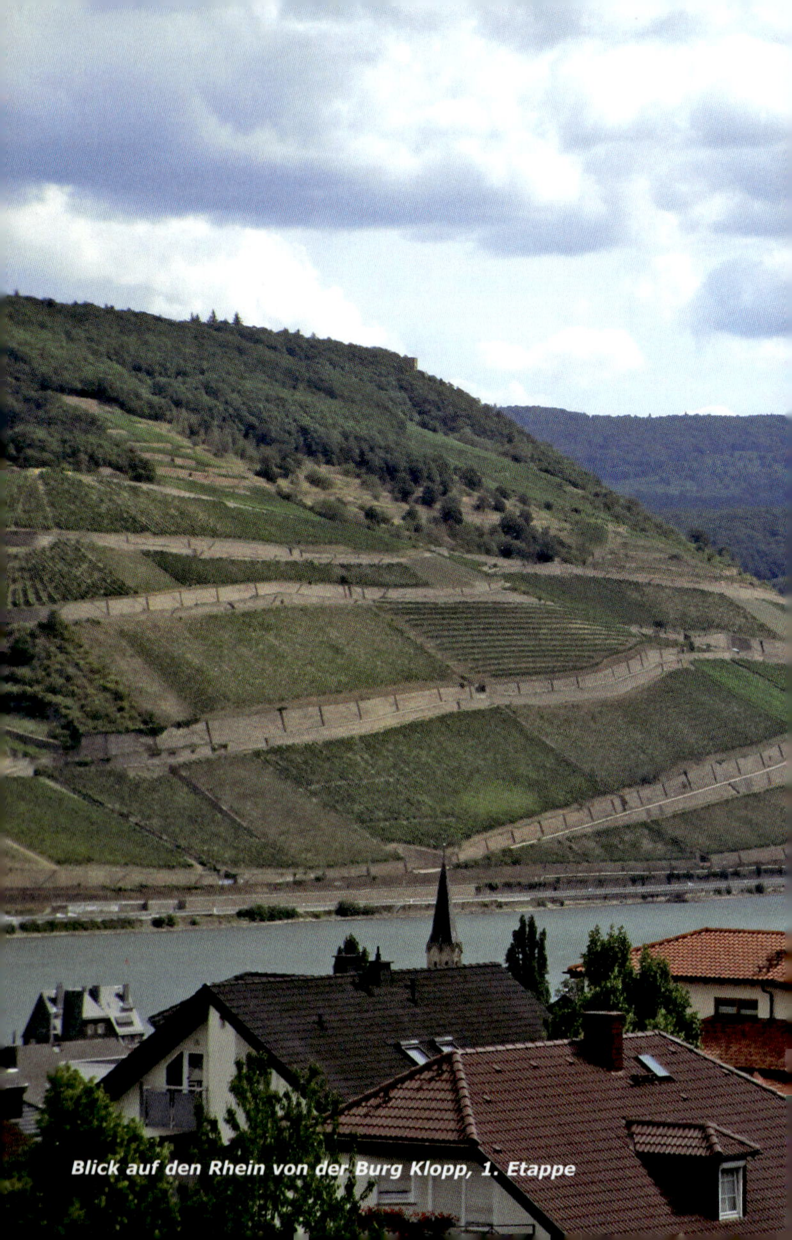

Blick auf den Rhein von der Burg Klopp, 1. Etappe

Band 485

OutdoorHandbuch

Carola Oberbillig

Ausoniusweg
von Bingen nach Trier

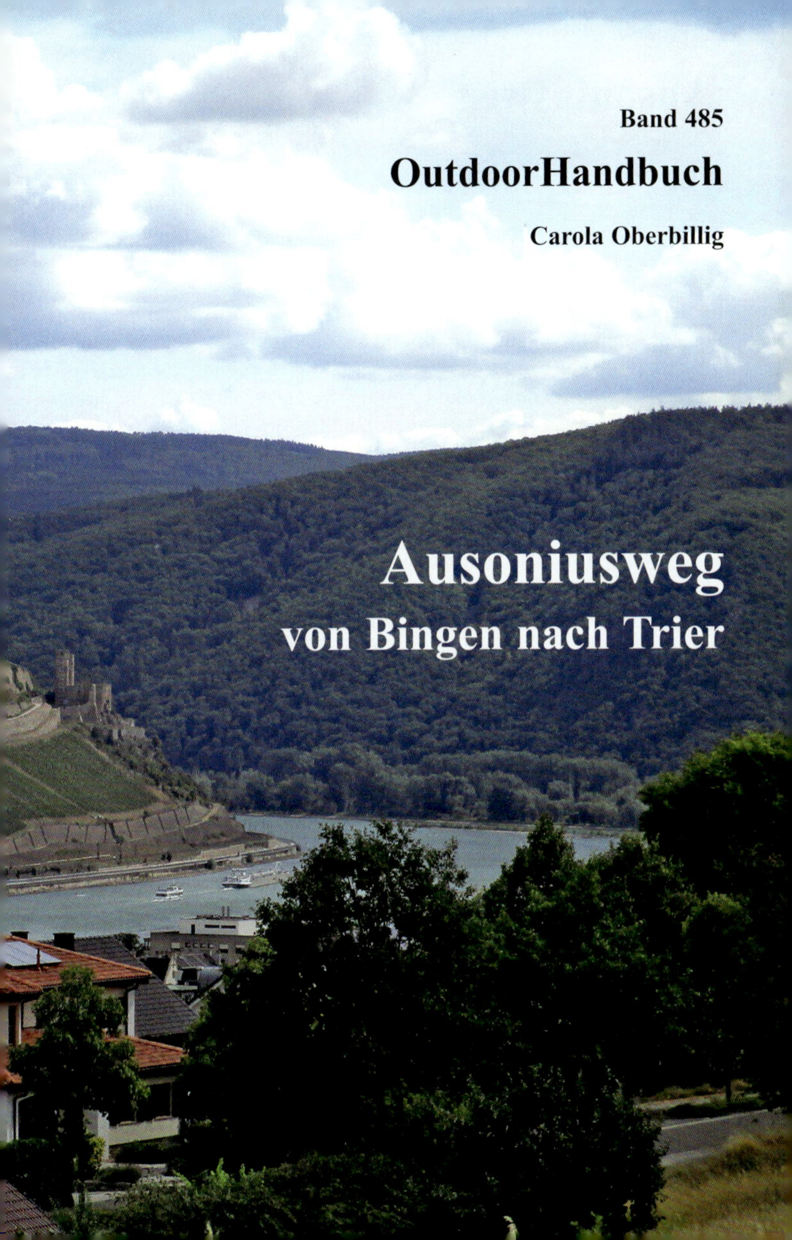

Ausoniusweg

Die Autorin und der Verlag sind für Lesertipps und Verbesserungen (besonders per E-Mail) unter Angabe der Auflagen- und Seitennummer dankbar.

Dieses OutdoorHandbuch hat 128 Seiten mit 35 farbigen Abbildungen sowie 12 farbigen Kartenskizzen im Maßstab 1:100.000, 7 farbigen Höhenprofilen, 3 farbigen Stadtplänen und einer farbigen, ausklappbaren Übersichtskarte. Es wurde auf chlorfrei gebleichtem Papier gedruckt, in Deutschland klimaneutral hergestellt und transportiert und wegen der größeren Strapazierfähigkeit mit PUR-Kleber gebunden.

Klimaneutral
Druckprodukt
ClimatePartner.com/53106-2205-1001

Dieses Buch ist im Buchhandel und in Outdoor-Läden erhältlich und kann im Internet oder direkt beim Verlag bestellt werden.

OutdoorHandbuch Band 485

ISBN 978-3-86686-745-1 1. Auflage 2022

Text und Fotos: Carola Oberbillig
Karten: Heide Schwinn
Lektorat: Anna-Lena Ebner
Layout: Alexandra Sauerland

Gesamtherstellung: AZ Druck und Datentechnik GmbH, Kempten

Dieses OutdoorHandbuch wurde konzipiert und redaktionell erstellt vom:

Conrad Stein Verlag GmbH,
Kiefernstr. 6, 59514 Welver,
☎ 023 84/96 39 12,
info@conrad-stein-verlag.de,
www.conrad-stein-verlag.de

Besuchen Sie uns bei Facebook & Instagram:

www.facebook.com/outdoorverlag

www.instagram.com/outdoorverlag

Titelfoto: Zwischen Kirchberg und Gonzerath, 3. Etappe

Inhalt

☺ Eine **Übersichtskarte** des Weges, **Autorenprofil** sowie eine Liste aller verwendeten **Symbole** in diesem Buch finden Sie auf den vorderen und hinteren Umschlagseiten bzw. -klappen.

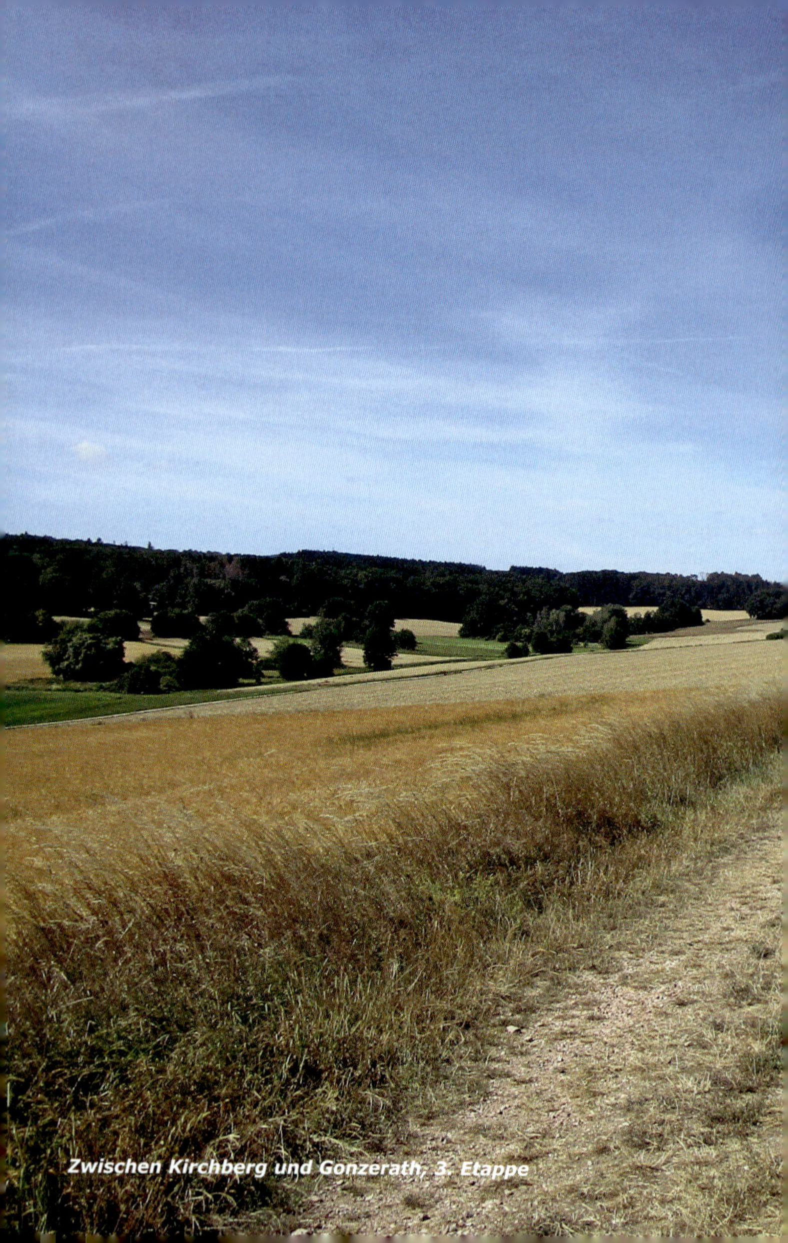

Zwischen Kirchberg und Gonzerath, 3. Etappe

Einleitung

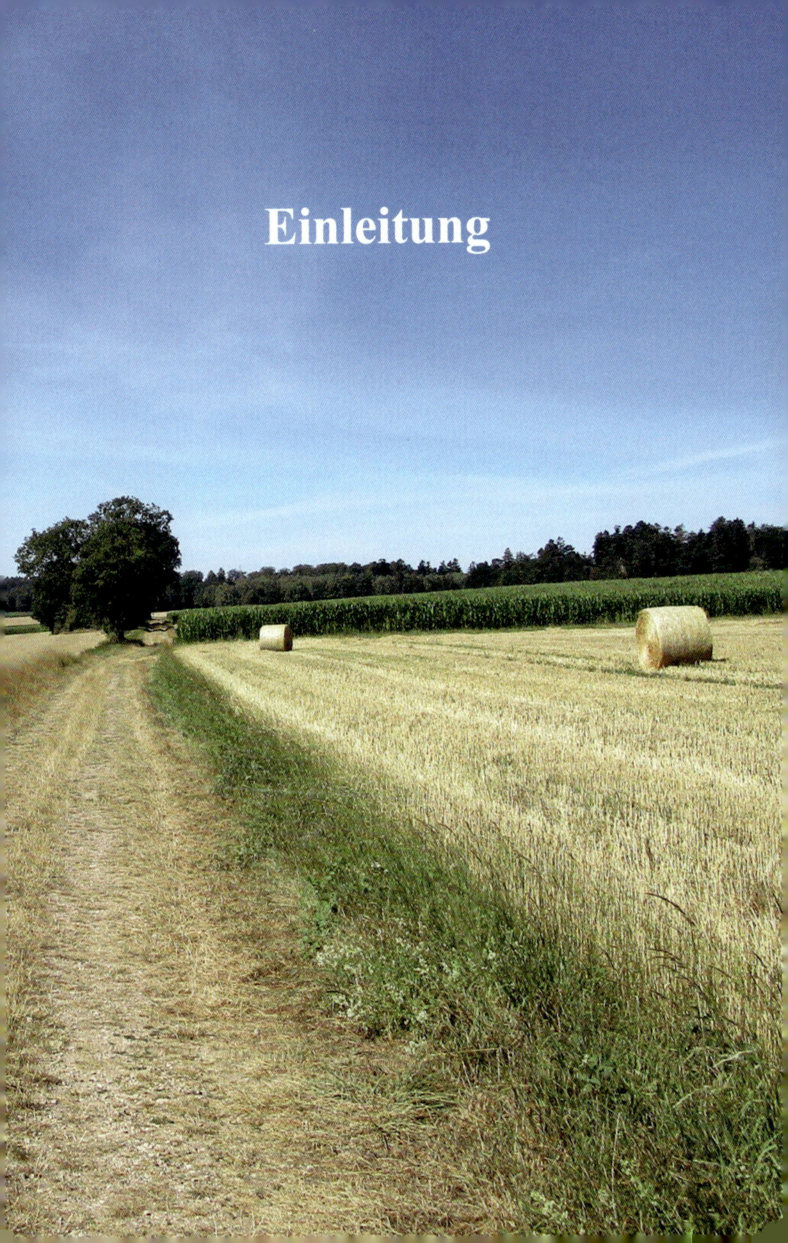

Vielleicht fragen Sie sich: „Wie kommt man eigentlich auf die Idee, einmal quer über den Hunsrück zu laufen?“

Mich hat der Jakobsweg schon lange fasziniert und ich wollte erst einmal klein anfangen. Die gelbe Muschel auf blauem Grund ist Teil meines Heimatdorfes und ist mir auch an Wegkreuzungen meiner jetzigen Heimat in Mainz begegnet. Wenn an beiden Orten der Jakobsweg ausgeschildert ist, dann muss es auch eine Verbindung geben. Also habe ich mich auf die Suche nach einem Weg zwischen meiner neuen Heimat Mainz und meiner alten Heimat Trier gemacht und bin schnell auf den Ausoniusweg ab Bingen gestoßen. Und von Mainz nach Bingen war auch schnell eine Verbindung auf den Rheinhessischen Jakobswegen gefunden. Diese sind leider nur etwas spärlich beschildert, sodass ich mich mehr auf meine Ortskunde als auf die Beschilderung verlassen musste.

Nach einiger Recherche und Planung der genauen Streckenführung habe ich mich dann im Sommer 2020 auf den Weg gemacht.

Der Ausoniusweg beginnt in Bingen am Rhein, am Eingangstor zum Mittelrheintal. Unmittelbar hinter der Stadtgrenze führt der Weg direkt hinauf in den Hunsrück. Mit Zwischenstation in Rheinböllen gelangt man über die Kleinstadt Simmern und die Höhenzüge des Gebirges nach Kirchberg im Hunsrück. Der Ort ist aufgrund alter Stadtrechte, trotz weniger als 4.000 Einwohnerinnen und Einwohnern, die älteste Stadt des Mittelgebirges. Hinter Kirchberg wird der Hunsrück wesentlich ländlicher und die Infrastruktur spärlicher. Erst kurz bevor man in Trier das Ziel des Weges erreicht, werden die Dörfer wieder etwas größer.

Mit seinen ca. 124 km Länge folgt der Ausoniusweg der antiken römischen Straßenführung zwischen Bingen und Trier.

Auf alten römischen Wegen gingen später auch die Pilgerinnen und Pilger in Richtung Santiago de Compostela. Daher bezeichnet man den Ausoniusweg auch als Hunsrücker Jakobsweg. Er ist in weiten Teilen daher zusätzlich zur eigentlichen Wegmarkierung mit der gelben Jakobsmuschel gekennzeichnet.

Der Weg lässt sich in 6 Tagesetappen unterteilen. Ambitionierte Wanderinnen und Wanderer können ihn bei guter Planung auch in 5 Tagen bewältigen. Aufgrund der ländlichen Infrastruktur haben die Tagesetappen unterschiedliche Länge. Die meisten Kilometer müssen Sie an Tag 2 mit 26 km von Rheinböllen bis Kirchberg bewältigen. Etwa auf der Hälfte der Strecke kommen Sie nach Simmern und können dort eine längere Pause zum

Durchatmen einlegen. Die kürzeste(n) Etappe(n) mit jeweils 13 km erwarten Sie an Tag 4 sowie zum Ausklang am letzten Tag.

Wie bereits erwähnt ist der Hunsrück sehr ländlich geprägt. Sie erwartet auf dem Ausoniusweg eine bunte Mischung aus Feldern, Wald und Wiesen sowie kleinen verschlafenen Dörfern. Ebenso abwechslungsreich wie die Gegend ist auch der Weg selbst, von gut ausgebauten Waldwegen bis hin zu schmalen Pfaden ist alles dabei. Wer die Natur und den Wald liebt, ist auf dem Ausoniusweg also in besten Händen. Die vielen Windkrafträder, die in den vergangenen Jahren gebaut wurden, werden auf dem gesamten Weg jedoch ebenfalls Ihr ständiger Begleiter sein.

Im Verlauf des Weges erwarten Sie immer wieder wunderbare Fernblicke über die Höhenzüge des kleinen Mittelgebirges. Zum Abschluss der Tour werden Sie dann mit den imposanten Bauten, dem Dom und der wunderschönen Altstadt in Trier belohnt.

Ich wünsche Ihnen viel Spaß beim Wandern und Erkunden des Hunsrücks.

Falls Bingen Ihr Ausgangsort für eine große Pilgerreise bis nach Santiago de Compostela ist, dürfen Sie sich auf eine 2.269 km weite Reise freuen.

Land und Leute

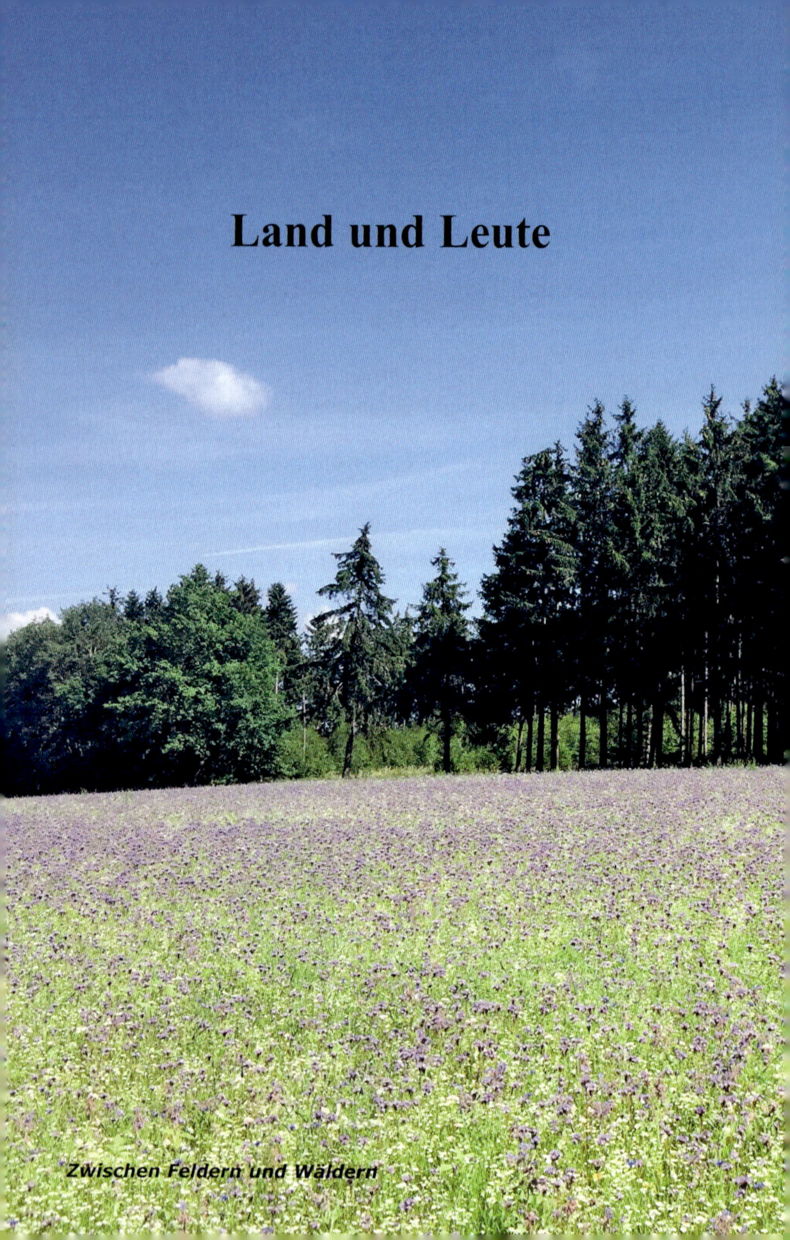

Zwischen Feldern und Wäldern

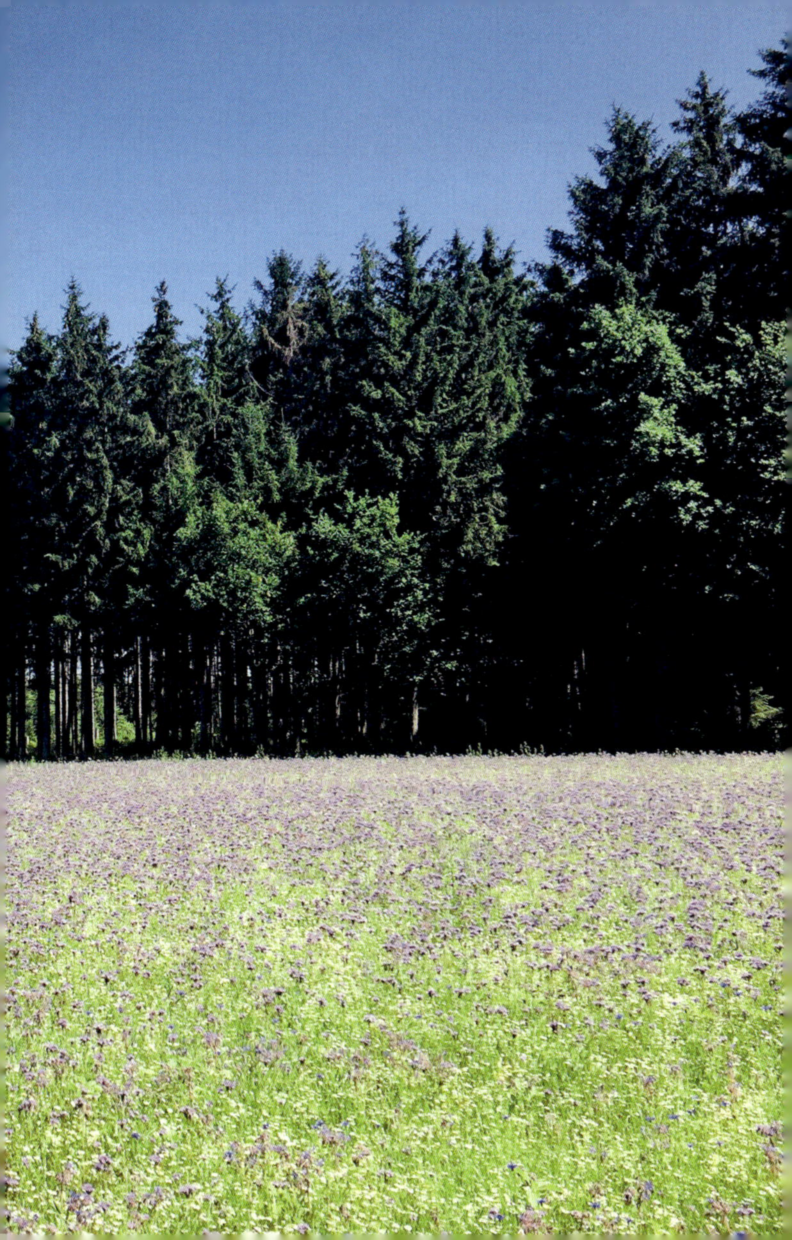

Der Ausoniusweg startet am Eingang zum UNESCO-Welterbe Oberes Mittelrheintal, führt bereits auf der ersten Etappe hinauf in das Mittelgebirge Hunsrück und endet in der Region Trierer Land mit einem flachen Stück zur Entspannung am Ende. Sie werden sich also den Großteil der Zeit auf dem Hunsrück, von den Einheimischen auch „Honsreck“ genannt, bewegen.

Der Ursprung des Namens „Hunsrück“ ist bis heute nicht vollständig geklärt. Man vermutet, dass er sich entweder aus der Zeit der Besiedlung durch die Hunnen ableitet oder dass der alte Begriff „Hohun“ in seiner Bedeutung eines hohen Bergrückens die Namensgebung geprägt hat. Erstmals urkundlich erwähnt wurde der Hunsrück im Jahr 1076 in einer Urkunde des Hunsrücker Klosters in Ravengiersburg.

Der Hunsrücker Dialekt – Hunsrückisch

Die Menschen auf dem Hunsrück sprechen bis heute ihren ganz eigenen Dialekt – das Hunsrückerisch. Zu Beginn des Weges lässt sich dieser eher den Rheinfränkischen Dialekten, zu denen z. B. auch das Hessische zählt, zuordnen. Den Großteil Ihrer Reise wird Ihnen jedoch der moselfränkisch geprägte Dialekt begegnen. Die Einheimischen bezeichnen ihren Dialekt auch liebevoll als „Platt“. Das Moselfränkische enthält viele Lehnwörter, die aus anderen Sprachen übernommen wurden. So z. B. aus der Zeit der französischen Besatzung oder dem Jiddisch aufgrund des regen Handels im Mittelalter.

Nicht nur in Deutschland an der Mosel und im Hunsrück sprechen die Menschen Moselfränkisch. Die Siebenbürger Sachsen im heutigen Rumänien sowie in einer kleinen Region in Brasilien wird der Dialekt heute noch gesprochen. Die Auswanderinnen und Auswanderer der vergangenen Jahrhunderte gaben ihre sprachlichen Besonderheiten immer wieder an ihre Nachkommen weiter, sodass der Dialekt es in diesen beiden Regionen geschafft hat, weiter zu bestehen. Auch die Amtssprache des Großherzogtums Luxemburg ist im Ursprung ein moselfränkischer Dialekt und wird entsprechend von vielen Menschen in der Grenzregion gut verstanden.

Für Außenstehende kann es sehr schwierig bis unmöglich werden, die Einheimischen zu verstehen, wenn sie untereinander sprechen. Die Hunsrückerinnen und Hunsrücker sind aber sehr bemüht, Hochdeutsch zu sprechen, wenn sie merken, dass man ihren Dialekt nicht beherrscht.

Stellen Sie sich trotzdem darauf ein, dass der Artikel „das“ durchgängig in „dat“ und das Fragewort „was“ in „wat“ umgewandelt wird. Wundern Sie sich auch nicht, wenn Ihnen das Verb „nehmen“ im alltäglichen Sprachgebrauch nicht begegnet. Es wird im Moselfränkischen fast immer durch das Verb „holen“ ersetzt.

Je weiter Sie sich Trier annähern, desto häufiger tauchen Wörter im Sprachgebrauch der einheimischen Bevölkerung auf, die noch einen stark französischen Einfluss erkennen lassen und auf die Besatzung der Region durch die Franzosen zurückzuführen sind.

Der Hunsrück – Natur

Geografisch gesehen ist der Hunsrück ein Mittelgebirge und wird durch die Flüsse Mosel, Rhein, Nahe und Saar ganz klar begrenzt. Ein Teil des Hunsrücks steht durch den Nationalpark Hunsrück-Hochwald, einen von insgesamt neun Nationalparks in ganz Deutschland, unter besonderem Schutz. Der Ausoniusweg führt nicht durch ihn hindurch.

Der Nationalpark widmet sich neben dem Naturschutz auch der Erforschung von Flora und Fauna, ist wichtiger Kooperationspartner für Bildungseinrichtungen und trägt zur regionalen Entwicklung bei.

Die höchste Erhebung mit 816 m bildet der Erbeskopf, den Sie zwar nicht erklimmen werden, der Sie aber auf einigen Stücken begleitet. Auf dem Erbeskopf befindet sich eine Wintersport-, Natur- und Umweltbildungsstätte.

Die Landschaft des Hunsrücks ist hauptsächlich von Feldern, Wiesen und Wäldern geprägt. In den Wäldern finden sich zahlreiche Tierarten, egal ob Rot-, Reh- oder Schwarzwild, sowie diverse Vogelarten, unter anderem auch die seltenen Schwarzstörche. Auch die Flora des Hunsrücks weist eine große Artenvielfalt auf. Die Waldgebiete im Verlauf des Weges reichen vom bunten Mischwald bis hin zu reinen Nadelwäldern. Auf den Wiesen des Hunsrücks sind z. B. wilde Orchideen und zahlreiche Wildkräuterarten beheimatet.

Der Ausoniusweg führt nicht direkt durch einen Nationalpark. Ein sorgsamer Umgang mit der Natur und der Verbleib auf dem Weg sind für umsichtige Wanderinnen und Wanderer jedoch selbstverständlich.

Fernwandern auf dem Hunsrück

Der Ausoniusweg ist nur einer von vielen Fernwanderwegen, die über den Hunsrück führen.

Der etwa 410 km lange Saar-Hunsrück-Steig führt von der luxemburgischen Grenze über Trier und den Hunsrück nach Boppard am Rhein. Er kreuzt Ihren Weg zwischen Kirchberg und Morbach mehrmals.

Der Hunsrückhöhenweg umfasst ca. 160 km und startet in Boppard am Rhein. Er führt zunächst in südlicher Richtung über den Hunsrück bis an die Nahe, biegt dann nach Westen ab und führt über den Erbeskopf wieder in nördlicher Richtung nach Bernkastel-Kues an der Mosel. Er kreuzt den Ausoniusweg kurz hinter Kirchberg und dann wieder am Abzweig nach Neumagen-Dhron.

Der Sponheimer Weg begleitet Sie rund um Kirchberg immer mal wieder auf einigen Kilometern. Er beginnt in Bad Kreuznach in Rheinhessen und endet nach ca. 105 km in Traben-Trarbach an der Mosel.

Der Soonwaldsteig ist mit seinen gut 80 km ein Premiumweg durch den Naturpark Soonwald-Nahe. Er beginnt in Kirn und endet in Bingen am Rhein. Er verfügt über drei Trekkingcamps für Naturliebhaberinnen und Naturliebhaber, die gerne mitten im Wald übernachten.

Der kürzeste der Fernwanderwege ist der nach dem berühmten Räuber benannte Schinderhannespfad. Mit seinen ca. 40 km kann er gut an zwei Tagen von Kastellaun nach Gemünden begangen werden.

Zusätzlich bietet der Hunsrück viele Möglichkeiten für Tageswanderungen unterschiedlicher Schwierigkeitsgrade, unter ihnen auch ausgezeichnete Premium-Wanderwege, die Traumschleifen.

Der Hunsrück – Geschichte und Kultur

Neben der vielfältigen Natur blickt der Hunsrück auch auf eine vielfältige Siedlungsgeschichte zurück. Erste Funde weisen auf eine Besiedelung des Hunsrücks bereits in der Jungsteinzeit hin. Von dem keltischen Volk über das römische, die Ritter und Adelsfamilien im Mittelalter bis hin zu den Französinnen und Franzosen haben viele Einflüsse die Menschen des Hunsrücks mitgeprägt.

Die Römerinnen und Römer lebten vorwiegend in kleinen Hofgemeinschaften und Siedlungen, zu denen auch immer Kult- und Tempelanlagen gehörten. Nach Zerfall des Römischen Reiches machten sich die Fränkinnen und Franken den Hunsrück zu eigen. Die Endung vieler Ortsnamen auf „-heim" verweist auf eine Gründung zur Zeit der fränkischen Landnahme. Vor allem ab dem Mittelalter siedelten sich dann viele Adelsfamilien an und bauten ihre Burgen, die heute meist nur noch als Ruinen erhalten sind. Der Hunsrück zersplitterte in viele kleine Grafschaften. Nach dem Dreißigjährigen Krieg besetzten schließlich die Franzosen den Hunsrück. Die idyllische Natur und Landschaft lassen kaum noch erkennen, dass im Hunsrück vor gut 500 Jahren dann die Eisenindustrie florierte und der Region zu wirtschaftlichem Aufschwung verhalf. Infolge der vielen Kriege ab dem 17. Jahrhundert sowie der religiösen, sozialen und wirtschaftlichen Umstände erlebte der Hunsrück schließlich jedoch mehrere große Auswanderungswellen, sodass er heute eher dünn besiedelt ist. Bis nach Südamerika führte die Menschen der weite Weg.

Die Tatsache, dass in vielen selbst kleinen Dörfern zwei Kirchen stehen, verweist auf die wechselhafte Herrschaftsgeschichte der Region. Die herrschenden Mächte brachten ihren jeweiligen (christlichen) Glauben mit und errichteten ihre Gotteshäuser. Heute gehören knapp 40 % der Bevölkerung dem römisch-katholischen Glauben und ca. 30 % dem evangelischen Glauben an. Die restliche Bevölkerung ist konfessionslos oder bekennt sich zu einer anderen Glaubensgemeinschaft. Auch das jüdische Leben war ab dem 11. Jahrhundert bis zur Zeit des Nationalsozialismus Teil der religiösen Vielfalt des Hunsrücks (☞ Laufersweiler).

Auf den Spuren der römischen Besiedelung

Auf dem Ausoniusweg wandeln Sie auf den Spuren der antiken Römer und ihrer fast 1.000 Jahre andauernden Geschichte (ca. 500 v. Chr. bis 500 n. Chr.). Sie folgen dabei der alten Verbindungsstraße von Mainz kommend über Bingen nach Trier. Mainz und Trier waren zur damaligen Zeit zwei wichtige Machtzentren und Militärstationen, die über eine Straße miteinander verbunden waren. Demzufolge dehnte sich das Römische Reich viele Jahre auch über das Gebiet des heutigen Hunsrücks aus. In dem kleinen Mittelgebirge finden sich daher zahlreiche Überreste der römischen Besiedelung, so z. B. Wachtürme, römische Gräber, römische Siedlungen und Gutshöfe.

Vor allem aber in Trier lassen sich heute noch viele gut erhaltene Überreste der römischen Ära besichtigen. So ist z. B. das Wahrzeichen der Stadt, die Porta Nigra, noch original erhalten.

Auch ca. 2.000 Jahre nach der römischen Besatzung ist der Hunsrück noch stark ländlich geprägt. Funde deuten darauf hin, dass das Gebiet zur damaligen Zeit hauptsächlich durch kleine Siedlungen oder Gutshöfe gezeichnet war. Diese dienten mit ihrem landwirtschaftlichen Betrieb der Versorgung der Armee und reichen Stadtbevölkerung in den Zentren an Rhein und Mosel. Die Landbevölkerung musste die Versorgung sicherstellen. Zur Zeit der römischen Besiedlung wurde auch bereits viel Wein angebaut, so z. B. an Saar, Mosel und Rhein. Am Start- und Zielort des Ausoniusweges können Sie daher viele gute, regional angebaute Weine genießen.

Dies soll nur ein kurzer Einblick sein, denn auf dem Ausoniusweg werden Ihnen mehrere Informationstafeln begegnen, über interessante Themen zum Leben der Menschen auf dem Hunsrück zur Zeit des antiken Römischen Reichs.

Die Geschichte des Ausonius

Die meisten von uns kennen die berühmtesten Römer wie z. B. Julius Caesar oder Kaiser Augustus. Doch die Straße über den Hunsrück wurde nach einer Person benannt, die allgemein eher unbekannt ist. Bevor Sie auf seinen Spuren wandeln, möchte ich Ihnen den Römer Ausonius gerne kurz vorstellen.

Decius Magnus Ausonius war ein römischer Dichter und Schriftsteller, der im 4. Jahrhundert n. Chr. im heutigen Frankreich geboren wurde. Aus gutem Hause stammend arbeitete er als Lehrer und interessierte sich sein Leben lang für die römische Literatur. Mit über 50 Jahren wurde Ausonius von Kaiser Valentinian als Erzieher des Kaisersohns nach Trier berufen und verbrachte dort ca. 20 Jahre seines Lebens. Auf dem Rückweg eines Feldzugs gegen die Alemannen kehrte er von Mainz kommend über Bingen über den Hunsrück zurück an die Mosel.

Daraufhin schrieb er sein Werk „Mosella“, das erste bekannte Gedicht über die Mosel. Es wird auch Mosellied oder Moselgedicht genannt und ist das einzige überlieferte antike Gedicht über die schöne Mosel.

Zu Ehren des Wirkens des Decius Magnus Ausonius in der Region wurde der Fernwanderweg über den Hunsrück nach ihm benannt.

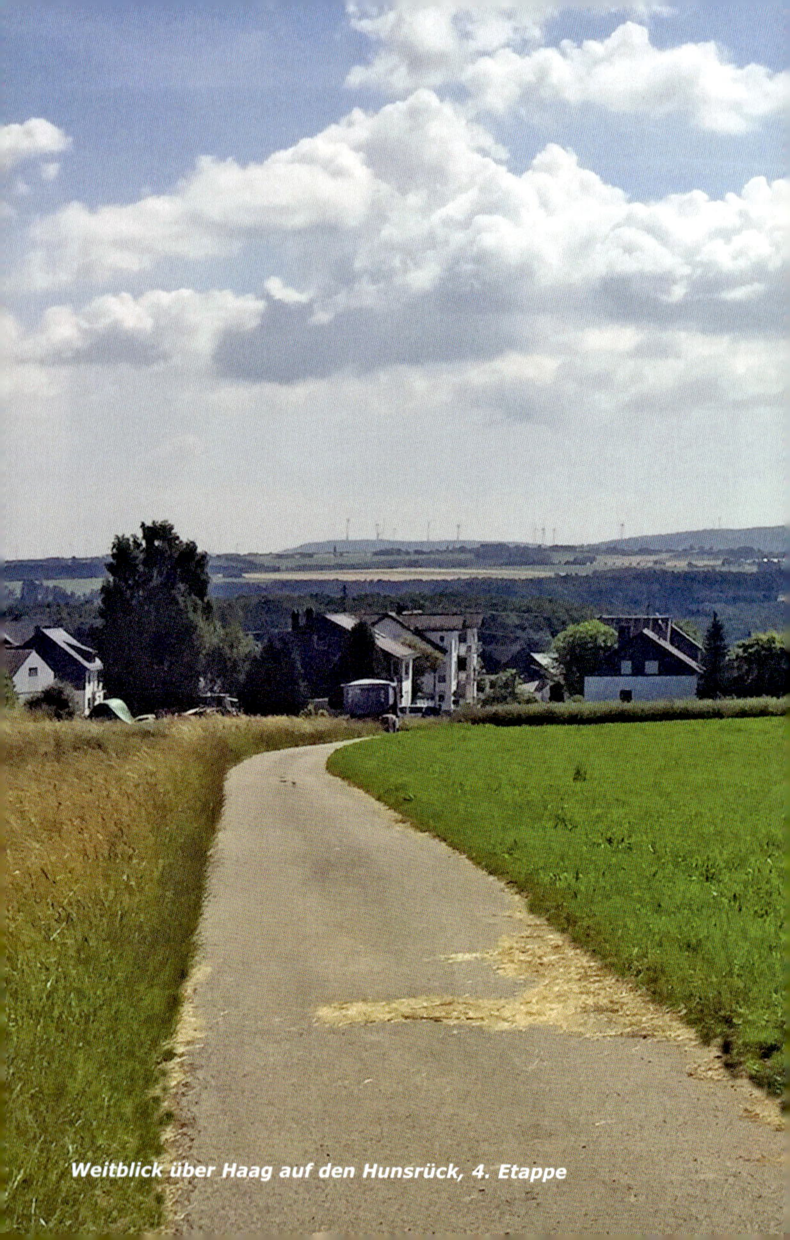

Weitblick über Haag auf den Hunsrück, 4. Etappe

Reise-Infos von A bis Z

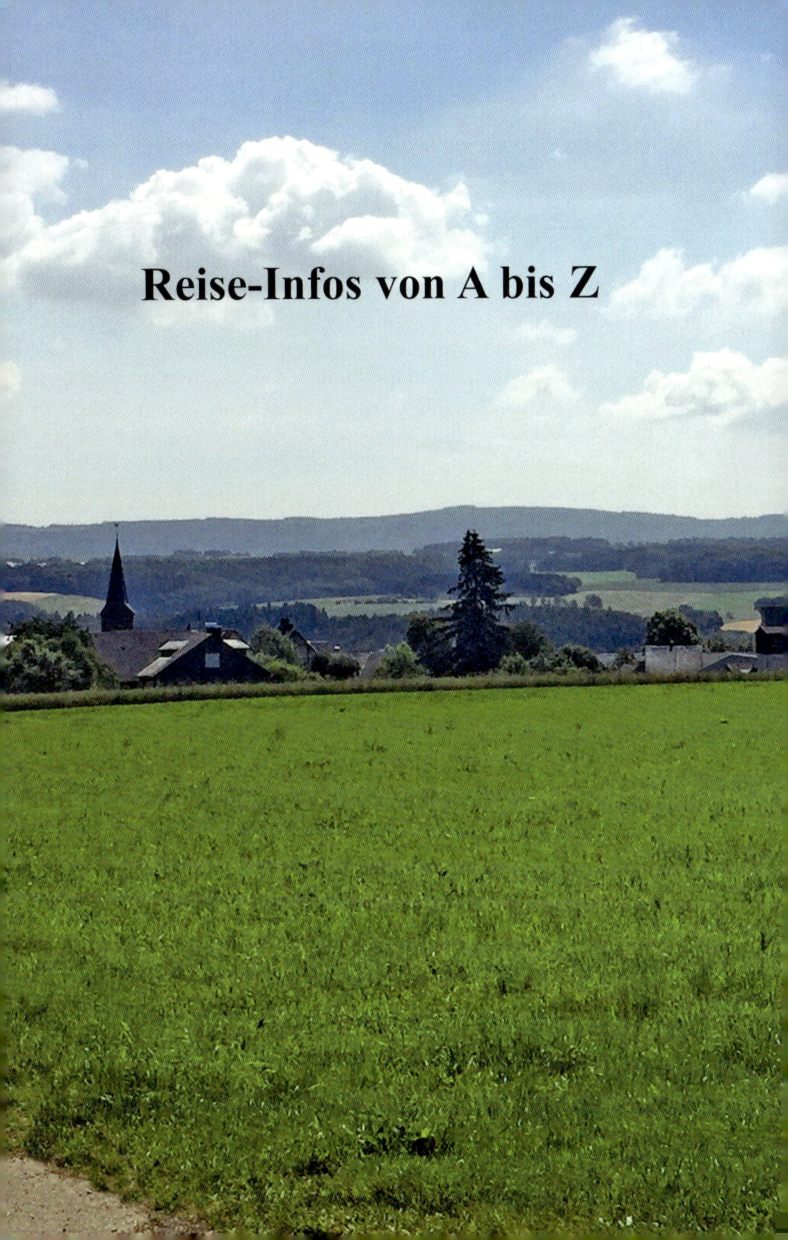

An- und Abreise

Zu Fuß

Einfach aus der Haustür raus und los. Wer nicht gerade das Glück hat, direkt am Startpunkt des Ausoniusweges zu leben, wird mit großer Wahrscheinlichkeit eine andere Form der Anreise wählen müssen. Alternativ befinden Sie sich bereits auf einem Pilgerweg, der Richtung Bingen führt. Sie erreichen die Stadt zu Fuß über die Rheinhessischen Jakobswege aus Worms, Mainz oder Köln kommend.

Wenn Sie gleich im Anschluss an den Ausoniusweg weiterpilgern möchten, empfehle ich Ihnen die Anschlussrouten ab Trier über Vézelay oder Le Puy-en-Velay Richtung Spanien.

Bus

Bingen ist aus der Umgebung gut mit den regionalen Buslinien zu erreichen. An das Fernbusnetz ist Bingen nicht angeschlossen. Mit dem Fernbus vom Flughafen Frankfurt-Hahn erreichen Sie aber die Stadt Simmern und können dort in den Regionalbus nach Bingen umsteigen. Weitere Fernbusse machen Station in Mainz oder Koblenz, von wo aus Sie dann jeweils in die Bahn nach Bingen umsteigen können.

Aktuelle Informationen zu Verbindungen und Abfahrtszeiten der Regionalbuslinien finden Sie direkt auf der Internetseite des Rhein-Nahe-Verkehrsverbunds.

💻 www.rnn.info

Trier wird sowohl von regionalen Buslinien als auch von Fernbuslinien angefahren. Die Fernbusse halten links neben dem Hauptbahnhof, gegenüber des Polizeigebäudes.

💻 www.vrt-info.de

💻 www.flixbus.de

Bahn

Bingen verfügt über zwei Bahnhöfe. Der Hauptbahnhof wird sowohl vom Regional- als auch vom Fernverkehr bedient. Verbindungen bestehen über Koblenz, Köln bis Dortmund sowie in Richtung Kaiserslautern und Mannheim. Auch das Rhein-Main-Gebiet (Frankfurt, Mainz etc.) ist gut angebunden.

Der Bahnhof liegt im Vorort Bingerbrück, das Zentrum und somit der Startpunkt des Ausoniusweges ist in ca. 20 Gehminuten zu erreichen. Die Buslinie 606 verbindet beide Bahnhöfe miteinander und macht Halt direkt an der Burg Klopp, dem Einstieg zum Ausoniusweg.

Der Bahnhof Bingen (Stadt) liegt unmittelbar am Rhein, ebenfalls in Laufnähe des Stadtzentrums (ca. 10 Gehminuten). Er wird ausschließlich vom Regionalverkehr bedient und ist gut an Verbindungen aus dem Rhein-Main-Gebiet und Koblenz angebunden.

Weitere Informationen finden Sie direkt auf den Internetseiten der Deutschen Bahn sowie des Rhein-Main-Verkehrsverbundes.

💻 www.rmv.de

💻 www.db.de

Die Abreise aus Trier plant man am besten vom Trierer Hauptbahnhof aus. Dieser befindet sich ca. 10-15 Gehminuten von der Innenstadt entfernt. Der Bahnhof wird vom Regional- und Fernverkehr bedient. Die Hauptverbindungen bestehen Richtung Köln, Koblenz, Saarbrücken und Luxemburg. Trier hat noch fünf weitere Bahnhöfe, die jedoch nur vom Regionalverkehr bedient werden und nicht in Zentrumsnähe liegen.

Sollten Sie mit dem Auto nach Bingen angereist sein, fahren Sie mit der Bahn nach Koblenz und steigen dort in einen Anschlusszug Richtung Mainz oder Frankfurt zurück nach Bingen.

💻 www.db.de

Auto

Bingen ist gut an das Autobahnnetz angebunden. Die A61 führt an der Stadt vorbei, von Norden aus Köln und Koblenz kommend, von Süden aus Richtung Worms und Mannheim. Aus Richtung Westen erreichen Sie Bingen über die A60 aus Mainz. Mainz wiederum ist z. B. gut über die A3 aus vielen Teilen Deutschlands erreichbar.

Auch Trier erreichen Sie gut über die Autobahn A1 und die A602.

P Bingen verfügt über mehrere große, gebührenpflichtige Parkplätze in Zentrumsnähe. Die Parkplätze rund um Nahe und Rhein bieten auch Wochentickets zu einem angemessenen Preis (ab € 14). Weitere Informationen finden Sie auf der Homepage 💻 www.bingen.de → Wirtschaft → Wirtschaft, Gewerbe, Handel → Parken in Bingen.

Möchten Sie Ihr Auto am Ziel in Trier abstellen, empfiehlt sich der Parkplatz am Messepark. Dieser ist kostenfrei und jederzeit geöffnet. Vom Messepark besteht Mo-Fr eine Busanbindung in die Innenstadt. Alternativ können Sie die knapp 3 km auch laufen.

Flugzeug

Die Anreise mit dem Flugzeug ist über den Flughafen Frankfurt/Main im Zentrum des Rhein-Main-Gebiets erreichbar. Vom Flughafen aus nehmen Sie die Bahn in Richtung Koblenz. Die Anreise vom Flughafen Frankfurt-Hahn ist mit einer Busfahrt nach Simmern und dem Umstieg in den regionalen Busverkehr nach Bingen verbunden.

Die Anreise mit dem Flugzeug ist somit nicht zwangsläufig die schnellste Variante und im Sinne einer möglichst nachhaltigen Anreise auch nicht besonders empfehlenswert.

Die Abreise mit dem Flugzeug ist ebenfalls vom Flughafen Frankfurt-Hahn möglich. Diesen erreichen Sie von Trier aus mit dem Fernbus. Alternativ können Sie aus Luxemburg abfliegen. Den Flughafen Luxemburg erreichen Sie ebenfalls über Busverbindungen ab Trier.

Schiff

Die An- und Abreise mit dem Schiff gestaltet sich eher schwierig. Sowohl Bingen als auch Trier werden von diversen Schifffahrtsgesellschaften für touristische Zwecke angefahren.

Wer nach Bingen von der gegenüberliegenden Rheinseite anreist, kann sich den Umweg über Wiesbaden und Mainz sparen und von Rüdesheim am Rhein mit der Auto- und Personenfähre übersetzen. Die Fähre legt in Zentrumsnähe an.

www.bingen-ruedesheimer.de

Ausrüstung

Was man auf eine Pilgerreise mitnimmt und was nicht, ist so individuell wie jeder einzelne Mensch. Empfehlenswert ist es, in gutes Schuhwerk (am besten im Fachgeschäft beraten lassen) und einen gut sitzenden Rucksack zu investieren. Mit einem Rucksackvolumen von ca. 30-35 Litern werden Sie mit Sicherheit gut hinkommen.

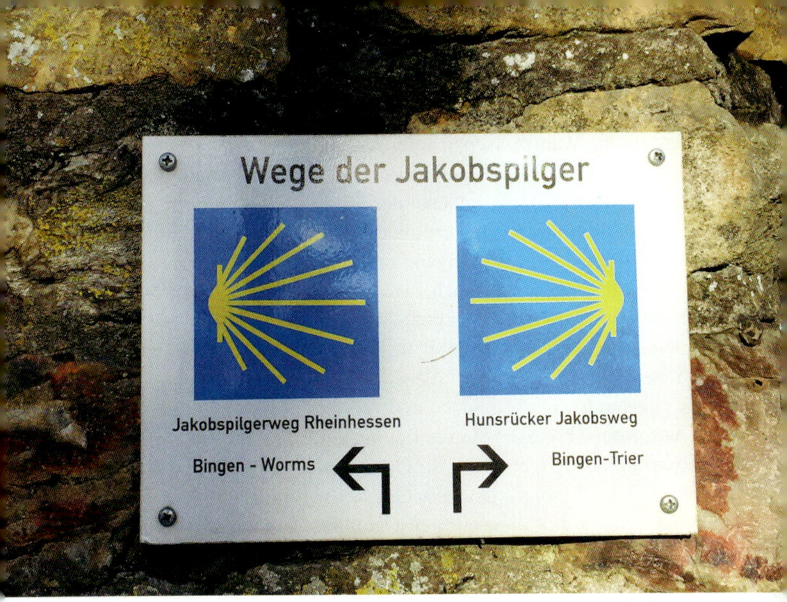

Wegweiser Jakobswege

Da die Beschaffenheit des Weges sehr unterschiedlich ist, sind bei Bedarf auch Wanderstöcke ein wichtiger Teil der Ausrüstung. Diese sollten möglichst leicht sein und sich zusammenfalten lassen, da es einige Abschnitte gibt, auf denen Sie die Stöcke bestimmt nicht benötigen und dann entsprechend am Rucksack befestigen müssen.

Zusätzlich empfehle ich eine Trinkblase. Es gibt sie in verschiedenen Größen, in der Regeln zwischen 1 und 3 Liter. Je nach persönlichem Trinkverhalten sollten Sie für sich die entsprechende Größe wählen. Die Trinkblase lässt sich in Wanderrucksäcken meist sehr gut verstauen und das Wasser bleibt auch bei heißen Temperaturen den ganzen Tag über halbwegs kühl.

Tragen Sie Outdoor- oder Sportkleidung. Diese lässt sich leicht auswaschen und Sie müssen nicht für jeden Tag frische Kleidung mit sich tragen. Zudem ist Sportbekleidung meist leicht und lässt sich relativ klein zusammenpacken. Ich empfehle, die Kleidung nach dem „Zwiebelprinzip“ auszuwählen. Bei Kälte können Sie so mehrere Kleidungsstücke übereinander tragen.

Nehmen Sie auf jeden Fall auch einen Regenschutz mit. Je nach Vorliebe besteht die Wahl zwischen einer Regenjacke, einem Regenponcho oder einfach einem leichten Regenschirm. Alle Varianten haben ihre Vor- und Nachteile. Die Regenjacke und der Regenponcho dienen bei Kälte als zusätzliche Wärmeschicht, sind aber je nach Modell eher schwer und sperrig. Ein Regenschirm ist kompakt und leicht, schützt aber wenig, wenn es windig ist und der Regen noch zusätzlich von der Seite kommt.

Ein Erste-Hilfe-Set, Hausmedizin sowie ein Taschenmesser für eventuelle Notfälle sollten in keinem Rucksack fehlen. Kosmetikartikel für den täglichen Bedarf sowie vor allem in Sommermonaten ein Sonnenschutz sind anzuraten.

Ansonsten überlegen Sie vor Beginn der Reise gut, welche Gegenstände Sie wirklich benötigen, denn Ihr Gepäck müssen Sie jeden Tag viele Kilometer tragen. Da lohnt sich jedes Gramm, was nicht auf dem Rücken lastet. Einige Unterkünfte bieten gegen Gebühr einen Gepäcktransfer zu Ihrem nächsten Etappenziel. Überlegen Sie, ob Sie diesen Service wirklich in Anspruch nehmen möchten. Denn der Reiz beim Pilgern liegt auch darin, sein eigenes Gepäck zu tragen und mit möglichst wenig auszukommen.

Meine persönliche Packliste für 6 Tage:

- ☐ Regenjacke oder Regenponcho
- ☐ 2 Wanderhosen (am besten eine mit variabler Beinlänge)
- ☐ 3 T-Shirts
- ☐ 1 Shirt mit langen Armen
- ☐ 2 Paar Wandersocken
- ☐ Unterwäsche und Schlafanzug
- ☐ Halstuch
- ☐ Mütze bzw. Kappe
- ☐ bei Bedarf leichte, bequeme Kleidung für den Abend
- ☐ Zahnbürste, Duschgel und was sonst in die persönliche Kulturtasche muss
- ☐ Sonnencreme (auch im Herbst/Winter nützlich)
- ☐ Hirschtalg für die Füße (hilft, Blasen vorzubeugen)
- ☐ evtl. ein Buch oder den E-Reader für den Abend
- ☐ Kleines Erste-Hilfe-Set!!!
- ☐ Taschenmesser
- ☐ Outdoor-Wäscheleine

- ☐ Wanderstöcke (bei Bedarf)
- ☐ Trinkflasche oder -blase
- ☐ kleine Digitalkamera und Mobiltelefon
- ☐ Brotbeutel oder Brotbox
- ☐ Müsliriegel (für den kleinen Hunger zwischendurch)

Diese Packliste dienst selbstverständlich nur der Orientierung und sollte individuell angepasst werden.

Zusätzlich empfehle ich, Kleidung und andere Gegenstände in kleinen Packtaschen thematisch zusammenzupacken. Ansonsten besteht die Gefahr, dass nach kurzer Zeit im Rucksack absolutes Chaos herrscht. Diese Packtaschen erhalten Sie in jedem guten Outdoor-Geschäft oder auch im Internet.

Sind Sie zum ersten Mal auf Pilgerreise, empfehle ich beim Packen folgende Vorgehensweise: Legen Sie alle Kleidung, Hygieneartikel und sonstige Gegenstände beisammen, die Sie gerne mitnehmen möchten. Anschließend überlegen Sie bei jedem einzelnen Teil nochmals, ob Sie es wirklich benötigen.

Sollte der kleinste Zweifel aufkommen, weg damit. Sie werden mit jeder Reise merken, was Sie wirklich benötigen, und so Ihr Gepäck immer weiter reduzieren.

Einkaufen

Grundlegend empfehle ich, vor Beginn der Pilgerreise die Ausrüstung zu prüfen und einen entsprechenden Einkauf zu tätigen. Im Laufe des Weges haben Sie keine Möglichkeit, wichtige elementare Ausrüstungsgegenstände zu erwerben.

Am Startpunkt in Bingen bieten sich Gelegenheiten, noch nötige Kleinigkeiten und auch Verpflegung zu erwerben. Im Einkaufszentrum der Innenstadt befindet sich ein Sportgeschäft, falls Ihnen für die Ausrüstung noch etwas Wichtiges fehlt.

In Rheinböllen, Simmern, Kirchberg und Morbach finden Sie Supermärkte sowie Bäckereien und Metzgereien für die tägliche Wegverpflegung.

In Trier angekommen haben Sie sämtliche Einkaufsmöglichkeiten direkt in der Innenstadt. Vom großen Kaufhaus bis hin zum Outdoor-Einzelhändler ist alles zu finden.

Teilweise liegen die Einkaufsmöglichkeiten in den Ortschaften nicht unmittelbar an der Wegführung oder sind vom Weg aus nicht zu sehen. Sie finden dann in den Informationen zu den Orten dazu Hinweise, wie Sie die Einkaufsmöglichkeiten gut erreichen können, ohne sich lange durchfragen zu müssen.

Essen und Trinken der Region

Vor allem zu Beginn und am Ende des Ausoniusweges haben Sie die Möglichkeit, hervorragende Weine zu trinken. Bingen am Rhein, als Grenzregion der Weinbauregionen Rheinessen, Nahe, Rheingau und Mittelrhein, hat zahlreiche kleinere und größere Weingüter zu bieten.

Hier wurde laut historischen Aufzeichnungen Anfang des 19. Jahrhunderts der erste Eiswein gekeltert. Durch Zufall fand man heraus, dass die Trauben auch Minustemperaturen aushalten und schließlich noch Flüssigkeit enthalten.

An der Mosel finden sich viele Weinberge in klassischen Steillagen an den Hängen des Moseltals. Besonders für die Region ist die Rebsorte Elbling. Diese wurde früher in ganz Deutschland kultiviert, wird heute aber fast ausschließlich an der Mosel angebaut.

Das Gebiet des Hunsrücks ist seit jeher ländlich geprägt. Dies spiegelt sich auch in der traditionellen Küche wider. Diese ist rustikal und bietet Kartoffelgerichte in allen Variationen sowie den traditionellen Schwenkbraten, gegrilltes Schweinefleisch. Dieser wird üblicherweise auf einem Schwenkgrill über der Glut des Feuers gegrillt. Auch im Trierer Land finden sich viele regionale Spezialitäten mit Kartoffeln, von den Einheimischen auch „Krumper“ genannt.

In Trier angekommen müssen Sie den Trierer Apfelwein, auch „Viez“ genannt, probieren. Er wird Ihnen in seinem typischen Gefäß, dem Viezporz, serviert. Der Viezporz ist ein weißer Keramikbecher, der immer 0,4 Liter fasst. Er besitzt eine einmalige Form und hat keinen innenliegenden Eichstrich. Im Jahr 2021 startete eine Initiative, den Viezporz als immaterielles Kulturerbe bei der UNESCO anerkennen zu lassen.

Etappen

Der Hunsrück mit seiner überwiegend dörflichen Prägung bietet keine unbegrenzten Übernachtungsmöglichkeiten. Einige Orte sind 1-2 km vom eigentlichen Weg entfernt. Daher empfiehlt es sich, im Vorfeld genau zu überlegen, wie viele Kilometer Sie etwa am Tag gehen möchten.

Zu Beginn jeder Etappe finden Sie eine Übersicht der Verpflegungsmöglichkeiten sowie der Infrastruktur in den Ortschaften, die Sie auf Ihrem Weg passieren. Eine kleine Zusammenfassung des Streckenabschnitts gibt einen kleinen Überblick, was Sie auf der kommenden Etappe erwartet.

Folgender Etappenvorschlag wird von der Hunsrück Touristik GmbH (💻 www.hunsruecktouristik.de) empfohlen:

▷ Etappe 1: Bingen – Rheinböllen
(➲ ca. 21,8 km, ↑ 680 m, ↓ 397 m, ⇧ 83-602 m)

▷ Etappe 2: Rheinböllen – Kirchberg (
➲ ca. 26,6 km, ↑ 369 m, ↓ 349 m, ⇧ 318-469 m)

▷ Etappe 3: Kirchberg – Morbach-Gonzerath
(➲ ca. 24,9 km, ↑ 441 m, ↓ 359 m, ⇧ 342-598 m)

▷ Etappe 4: Morbach-Gonzerath – Gräfendhron
(➲ ca. 15,5 km, ↑ 48 m, ↓ 334 m, ⇧ 228-545 m)

▷ Etappe 5: Gräfendhron – Fell
(➲ ca. 2,9 km, ↑ 548 m, ↓ 598 m, ⇧ 177-484 m)

▷ Etappe 6: Fell – Trier
(➲ ca. 14 km, ↑ 234 m, ↓ 278 m, ⇧ 124-351 m)

▷ Nebenroute: Morbach – Neumagen-Dhron
(➲ ca. 25,4 km, ↑ 226 m, ↓ 635 m, ⇧ 118-608 m)

Die Etappen lassen sich bei guter Planung auch verkürzen oder verlängern. Zwischen Kirchberg und Gräfendhron gibt es einige Übernachtungsmöglichkeiten, die sich bis zu 2 km von der eigentlichen Wegführung entfernt befinden. Lediglich zwischen Gräfendhron und Fell bieten sich überhaupt keine Übernachtungsmöglichkeiten, sodass Sie diese 20 km am Stück laufen müssen. Der Ausoniusweg befindet sich am tiefsten Punkt ca. 80 m und am höchsten Punkt gut 600 m über dem Meeresspiegel. Sie finden im Routenverlauf nähere Informationen, wie viele Höhenmeter Sie zwischen den einzelnen Abschnitten zurücklegen müssen.

Frauen

Der Reiz des Pilgerns liegt darin, Zeit mit sich selbst zu verbringen und sich im eigenen Rhythmus zu bewegen. Viele begeben sich daher auch alleine auf den Weg, Frauen wie Männer. Auf den Hauptrouten im Süden Frankreichs und in Spanien sind meist viele Pilgerinnen und Pilger gleichzeitig unterwegs. Anders gestaltet sich das auf dem Ausoniusweg. Er wird wenig begangen und man findet viel Zeit für sich.

Ich selbst bin den Ausoniusweg 2020 komplett alleine gegangen und habe mich kein einziges Mal als Frau unsicher gefühlt. Man begegnet immer wieder netten Menschen beim Spazieren oder Radfahren, ist aber auch auf vielen Strecken ganz für sich.

Geld

In den meisten Hotels, Pensionen und Gaststätten können Sie mit allen gängigen EC- und Kreditkarten zahlen. Es empfiehlt sich trotzdem, immer genug Bargeld mit sich zu führen. Geldautomaten der großen Banken finden Sie in Bingen, Rheinböllen, Simmern, Kirchberg und dann erst wieder in Trier. Somit haben Sie, außer gegen Ende des Weges, täglich die Möglichkeit, Bargeld abzuheben.

Informationen

Betrieben wird der Ausoniusweg vom Hunsrückverein (💻 www.hunsrueckverein.de). Gemeinsam mit den ansässigen Verbandsgemeinden und der Regionalgruppe Hunsrück der St. Jakobus-Gesellschaft Rheinland-Pfalz-Saarland e. V. werden die Markierungen des Weges in Stand gehalten. Auf der Homepage der St. Jakobus-Gesellschaft finden Sie viele nützliche Informationen zum Pilgern allgemein (💻 www.jakobusgesellschaft.eu). Hier können Sie auch einen Pilgerausweis bestellen. Die Regionalgruppe aktualisiert dort auch regelmäßig ihr Übernachtungsverzeichnis.

Die St. Jakobusbruderschaft Trier stellt am Ende des Ausoniusweges in Trier die Pilgerurkunden aus. Auch auf der Homepage der Bruderschaft finden Sie weitere Informationen zum Pilgern im Allgemeinen und zu Jakobswegen, die in Trier enden oder ab dort weitergehen (💻 www.sjb-trier.de).

Beginnend in Bingen finden sich auf dem Wegverlauf immer wieder Informationstafeln zu Ausonius, der alten Römerstraße und zur Historie einiger Ortschaften, die rund um den Weg liegen.

In allen größeren Ortschaften befinden sich Touristinformationen, in denen Sie in der Regel auch einen Pilgerstempel und Unterstützung bei der Suche nach einer Unterkunft erhalten.

Klima und Reisezeit

Grundsätzlich ist der Ausoniusweg zu jeder Jahreszeit begehbar. Im Winter fallen die Temperaturen gerne auch mal in die Minusgrade und es kann Schnee liegen. Im Sommer kann es, wenn gerade eine Hitzewelle über Deutschland zieht, auch schon mal recht heiß werden. Im Schnitt erreichen die Tageshöchstwerte jedoch ca. 20-25 °C. Der Niederschlag und die Regentage (ca. 8-10 pro Monat) verteilen sich auf dem Hunsrück über das Jahr relativ gleichmäßig. Die meisten Sonnenstunden gibt es in den Monaten Mai bis August. Es gibt für den Ausoniusweg also nicht DIE beste Jahreszeit. Je nach eigenen Vorlieben kann der Weg rund ums Jahr begangen werden.

Landkarten und GPS

In großen Buchhandlungen sowie im Internet können Sie Wanderkarten des Hunsrücks erwerben. Diese beziehen sich jedoch oft nur auf Teilstücke des Wegverlaufs, sodass Sie mehrere Karten mit sich tragen müssten, die zusätzliches Gewicht bedeuten.

Ich empfehle die Nutzung digitaler Karten auf einem Smartphone oder einem GPS-Gerät. Der Wegverlauf in Form einer GPX-Datei lässt sich bei allen gängigen Anbietern von Wander-Apps einlesen. Zusätzlich können Sie sich in der Regel die Karten auf hier Smartphone herunterladen. Die Standortbestimmung erfolgt über GPS, sodass Sie Ihren Standort (auch ohne Internetverbindung) auf der Karte immer direkt angezeigt bekommen.

- 💻 www.outdooractive.com
- 💻 www.komoot.de
- 💻 www.bergfex.de

Die GPX-Datei zum Ausoniusweg finden Sie auf der Homepage des Verlags.

💻 www.conrad-stein-verlag.de

📖 Tipps zum Umgang mit dem GPS-Gerät finden Sie in dem Ratgeber „**GPS** – Grundlagen · Tourenplanung · Navigation“ von Michael Hennemann, Conrad Stein Verlag, ISBN 978-3-86686-495-5, € 9,90

Möchten Sie auf Ihrem Weg auf digitale Unterstützung verzichten, können Sie auf folgendes Kartenmaterial von KOMPASS zurückgreifen:

- **Ausoniusweg – Durch den Hunsrück von Trier nach Bingen**, Wander-Tourenkarte 2511, 1:50.000, ISBN 978-3-99044-254-8 (die Karte ist sehr ungenau und dient nur der groben Orientierung)
- **Mosel, Region Trier**, Wanderkarte 834, 1:50.000, ISBN 978-3-99044-918-9 (deckt nur den letzten Teil des Weges inkl. der Nebenroute ab)

☺ Die Kartenempfehlungen wurden von der Geobuchhandlung Kiel überprüft.

💻 www.geobuchhandlung.de

Literaturtips

Zu Fuß nach Bingen:

📖 **Linksrheinischer Jakobsweg** *von Köln nach Bingen* von Franz Blaeser, Michael Kaiser, Hans Ries und Wolfgang Scholz, Conrad Stein Verlag, ISBN 978-3–86686-464-1, € 9,90

Weiter geht es ab Trier in Richtung Frankreich:

📖 **Jakobsweg Trier – Vézelay** von Martin Simon und Ingrid Retterath, Conrad Stein Verlag, ISBN 978-3-86686-688-1, € 16,90

- **Jakobsweg Trier – Le Puy-en-Velay** von Martin Simon und Ingrid Retterath, Conrad Stein Verlag, ISBN 978-3-86686-662-1, € 16,90

Weitere Literatur, z. B. zu Jakobswegen in Frankreich und Spanien, finden Sie auf der Internetseite des Verlags (💻 www.conrad-stein-verlag.de).

Markierungen

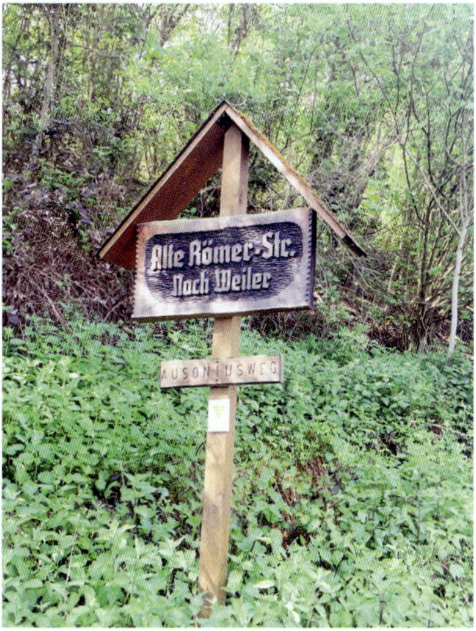

Wegweiser zwischen Bingen und Weiler, 1. Etappe

Die offizielle Beschilderung des Ausoniusweges ist ein weißes „AU" auf grünem Grund. Schwarze Pfeile weisen die Richtung bei den Markierungen. Weite Teile sind ebenfalls mit der gelben Jakobsmuschel auf blauem Grund markiert. Allerdings ist nicht an allen Stellen darauf Verlass, dass die Jakobsmuschel auch die Richtung des Wegverlaufs korrekt anzeigt. Schauen Sie daher lieber nach dem weißen „AU" und die Richtung der angebrachten Pfeile. In den Wäldern findet sich die Markierung auch oft einfach auf die Bäume aufgemalt, z. T. auch mit Pfeilen, die Ihnen die Richtung weisen.

Zusätzlich werden an einigen Stellen auf dem Ausoniusweg immer mehr große Holzschilder mit der Aufschrift „Ausoniusstraße Trier – Bingen" angebracht. In den Wäldern weisen zudem oft Holzschilder den Weg in die nächstgelegenen Ortschaften.

Medizinische Versorgung

Apotheken und Ärzte finden Sie in allen größeren Orten und auch in manchen kleinen Ortschaften am Ausoniusweg.

Große Kliniken befinden sich am Startpunkt in Bingen sowie am Ende in Trier. Ein weiteres, etwas kleineres Krankenhaus befindet sich in Simmern.

Empfehlenswert ist es, eine kleine Auswahl an Medikamenten aus der Hausapotheke mit sich zu führen.

Notruf

- ▷ Polizei: ☎ 110
- ▷ Rettungsdienst und Feuerwehr: ☎ 112, bei medizinischen Notfällen
- ▷ ärztlicher Bereitschaftsdienst: ☎ 11 61 16, ärztliche Versorgung außerhalb normaler Sprechzeiten der Arztpraxen, keine Notfälle
- ▷ Giftnotruf: ☎ 061 31/192 40

Pilgerstempel und Pilgerausweis

Einen Pilgerausweis können Sie bei der St. Jakobus-Gesellschaft Rheinland-Pfalz-Saarland e. V. direkt über die Internetseite 💻 www.jakobusgesellschaft.eu bestellen. Er wird Ihnen per Post nach Hause geschickt. Sie erhalten dort entweder einen regionalen oder internationalen Pilgerausweis, den „Credencial del Peregrino".

Der Pilgerausweis dient der persönlichen Dokumentation der eigenen Pilgerreise und ist im Anschluss ein schönes Erinnerungsstück. Zusätzlich ist er, wie bereits in den vergangenen Jahrhunderten, ein Ausweis, der den Zugang zu Pilgerherbergen ermöglicht. Auf dem Ausoniusweg ist das nicht relevant, wollen Sie jedoch auf dem Jakobsweg weiterpilgern, kann der Pilgerausweis sehr hilfreich sein.

Einen Pilgerstempel erhalten Sie an verschiedenen Stellen im Verlauf des Weges. Die Stempel sind die eigentliche Dokumentation Ihres Weges. Möchten Sie im fernen Santiago de Compostela eine Pilgerurkunde erhalten, müssen die letzten 100 km des Jakobsweges lückenlos mit zwei Stempeln pro Tag nachgewiesen werden.

Die St. Jakobusbruderschaft Trier e. V. stellt in der Dom-Information in Trier eine „Trierer Pilgerurkunde" aus. Um die Urkunde zu erhalten, müssen Sie mindestens die letzten 100 km vor Trier lückenlos nachweisen und am Stück gelaufen sein. Sie müssen also den Weg an aufeinanderfolgenden Tagen laufen.

Nähere Informationen zu den Stempelstellen finden Sie direkt in der Wegbeschreibung. Diese Übersicht erleichtert Ihnen den Überblick über die Stempelstellen:

- ▷ Bingen: Tourist-Information
- ▷ Weiler bei Bingen: kath. Kirche St. Maria Magdalena
- ▷ Rheinböllen: Touristinformation im Rathaus, kath. Pfarramt St. Erasmus

- ▷ Simmern: Hotel Wirtshaus Domäne, Tourist-Information
- ▷ Kirchberg: Tourist-Information, kath. Kirche St. Michael, Altes Forstamt (Pilgerherberge)
- ▷ Morbach-Wederath: Archäologiepark Belginum
- ▷ Hinzerath: Haus Hochwaldhöhe
- ▷ Haag: kath. Pfarrkirche St. Kunibert
- ▷ Gräfendhron: Landhaus Gräfendhron
- ▷ Fell: kath. Pfarramt St. Martin
- ▷ Trier: Tourist-Information, Dom-Informationen (hier erhalten Sie auch eine Pilgerurkunde)

Post

Poststellen finden Sie in den größeren Ortschaften sowie am Start und Ende des Weges in Bingen und Trier. Dort erhalten Sie den regulären Service der Deutschen Post.

Radpilgern

Aufgrund der abwechslungsreichen Wegebeschaffenheit und der vielen Teilabschnitte durch Wälder, über Felder und Schotterwege ist der Ausoniusweg für Radfahrerinnen und Radfahrer nicht direkt empfehlenswert. Wer sportlich auf dem Mountainbike unterwegs ist, könnte sich an den Weg wagen. Lediglich auf einigen wenigen sehr engen Pfaden im Wald müsste das Fahrrad dann evtl. getragen oder das Teilstück umfahren werden.

Wer den Hunsrück gerne einmal mit dem Rad überqueren möchte, dem ist der Hunsrück-Radweg zu empfehlen. Dieser startet in der Kleinstadt Saarburg, ca. 25 km südlich von Trier. Er führt über Kell am See, Morbach und Simmern nach Bacharach am Rhein.

💻 www.hunsruecktouristik.de

Telefon und Internet

Sämtliche Vorwahlen der Ortschaften mit Unterkunft finden Sie an den entsprechenden Stellen der Wegbeschreibung. Die Netzabdeckung für Mobilfunk und mobiles Internet ist fast auf der gesamten Wegstrecke durchgängig und stabil gegeben.

Lediglich an zwei Stellen wird es schwierig. In dem Ort Gräfendhron gibt es keinen Mobilfunkempfang und auch kein mobiles Internet. An einer Stelle im Abstieg durch den Wald Richtung Fell können Sie ebenfalls in ein Funkloch fallen, welches auch je nach Empfangsstärke Ihres Mobiltelefons keinen gesicherten GPS-Empfang mehr bietet. Dies wird an entsprechender Stelle im Buch nochmals genauer erwähnt.

Die meisten Hotels, Pensionen und Gaststätten am Weg verfügen über einen kostenfreien WLAN-Zugang.

Unterkunft

Es gibt genügend Unterkünfte direkt am Weg und um den Weg herum. Etwas knapp wird es ca. auf den letzten 30 km des Weges. Hier empfehle ich, die Unterkunft vorher zu reservieren. Wer auf Nummer sicher gehen möchte, kann sich für alle Etappen die Unterkünfte vorher buchen. Dies ist vor allem während der Sommerferien in Rheinland-Pfalz oder an Wochenenden empfehlenswert, da der Hunsrück als Tourismusregion immer beliebter wird. Viele kleinere Hotels oder Pensionen sind mittlerweile auch über große Portale wie 💻 www.booking.com zu buchen.

Eine Auswahl an Übernachtungsmöglichkeiten hält die Regionalgruppe Hunsrück der St. Jakobus-Gesellschaft Rheinland-Pfalz-Saarland e. V. auf ihrer Internetseite 💻 www.jakobusgesellschaft.eu aktuell für Sie bereit. Zusätzlich unterstützen die örtlichen Touristinformationen.

Rund um den Weg finden Sie leider keine Campingplätze. Rein rechtlich dürfen Sie mit Zustimmung des Waldbesitzers in Rheinland-Pfalz ein Zelt im Wald aufschlagen. Hier ist dann allerdings vorab einige Recherchearbeit notwendig. Wildcampen ist in Rheinland-Pfalz nicht erlaubt und kann mit hohen Geldstrafen sanktioniert werden.

Updates

Der Conrad Stein Verlag veröffentlicht Updates zu diesem Wanderführer, die direkt vom Autor oder von den Lesern des Buches stammen. Sie finden diese auf der Verlagshomepage 💻 www.conrad-stein-verlag.de.

Der links abgebildete QR-Code führt Sie direkt dorthin.

Verkehrsmittel am Weg

Viele Ortschaften am Ausoniusweg verfügen zumindest mit einer Buslinie über eine Anbindung an den öffentlichen Nahverkehr. Allerdings können die Verbindungen je nach Uhrzeit und Wochentag stark variieren und eingeschränkt sein. Nähere Informationen hierzu finden Sie in der Beschreibung der jeweiligen Orte.

Anzumerken ist, dass das Gebiet des Hunsrücks sich auf zwei unterschiedliche Verkehrsverbünde aufteilt, die sich kurz hinter Kirchberg treffen. So wird es in Laufrichtung ab Kirchberg auch immer schwieriger, Teilstücke mit dem Bus zu überbrücken. Das Angebot beschränkt sich in den kleinen Orten meist auf den morgendlichen Schulbus, dieser wird bei der Ortsbeschreibung nicht aufgelistet.

Vor Kirchberg ist es fast jederzeit möglich, den Weg bei Bedarf per Bus zu verkürzen.

Wer nicht den ganzen Weg gehen möchte, kann auch später einsteigen. Hier empfehle ich dir Orte Rheinböllen, Simmern und Kirchberg. Rheinböllen und Simmern sind direkt ab Bingen mit dem Bus zu erreichen. Wer nach Kirchberg möchte, muss in Simmern einmal umsteigen.

♦ Verkehrsverbund Rhein-Mosel GmbH (von Bingen bis Kirchberg):
www.vrminfo.de

♦ Verkehrsverbund Region Trier (hinter Kirchberg bis Trier):
www.vrt-info.de

Verpflegung

Trinkwasser aus dem Wasserhahn (im Hunsrück liebevoll „Kranenwasser“ genannt) ist in Deutschland eines der am strengsten kontrollierten Lebensmittel. Sie können daher in jeder Unterkunft ohne Bedenken Ihre Trinkflaschen oder Wasserblase auffüllen. Sollten Sie eher sprudelnde Getränke bevorzugen, haben Sie bis Kirchberg gute Einkaufsmöglichkeiten. In manchen Unterkünften dürfen Sie sich am Frühstücksbuffet noch ein Brötchen für den Weg bereiten, darauf verlassen können Sie sich allerdings nicht. Ich empfehle, für den kleinen Hunger zwischendurch immer ein paar Müsliriegel mitzuführen.

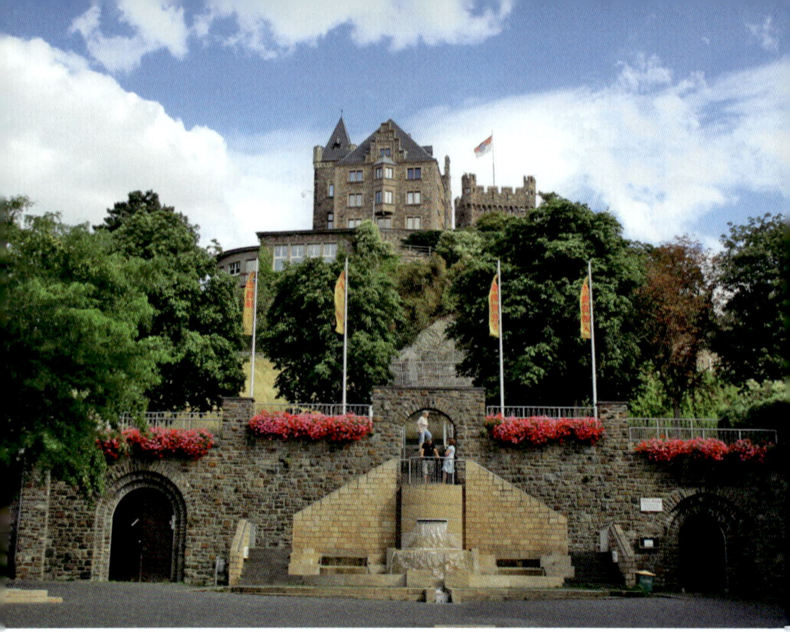

Blick auf die Burg Klopp in Bingen

In der Nähe der Übernachtungsmöglichkeiten befinden sich in der Regel Restaurants, Gaststätten oder Schnellimbisse, in denen Sie sich nach Ihrer Tagesetappe stärken können. Erreichen Sie zum Abschluss eines Tages keine Gaststätte mehr, fragen Sie die Einheimischen nach dem nächsten Pizza-Lieferdienst.

In Kirchberg befindet sich der letzte Supermarkt, bis Sie Ihr Ziel in Trier erreichen. Daher sollten Sie sich mit den nötigsten Lebensmitteln für die letzten Etappen eindecken. Im Landhaus in Gräfendhron besteht aber die Möglichkeit, Lebensmittel aus eigener Produktion für die weitere Wegstrecke zu erwerben.

In Fell können Sie sich im Kiosk und beim Bäcker für die letzte Etappe bis Trier Getränke und Lebensmittel besorgen. Erst in Trier erreichen Sie wieder einen Supermarkt.

Die Einkehrmöglichkeiten am Ausoniusweg sind eher etwas beschränkt. Sie finden entsprechende Informationen, z. B. zu Gaststätten, an den entsprechenden Stellen der Wegbeschreibung.

Wandern mit Hund

Der beste Freund des Menschen darf auch beim Wandern nicht fehlen. Auch wenn ich keinen Hund besitze, schätze ich den Weg für Hunde als gut machbar ein. Sie sollten entsprechendes Equipment zur Versorgung Ihres Vierbeiners mit sich tragen. Sie finden direkt bei den Unterkünften die Information, ob Hunde erlaubt sind und was Sie die Übernachtung mit Hund kostet.

Wegebeschaffenheit

Der Ausoniusweg ist auf den meisten Abschnitte gut bis sehr gut ausgebaut. Es wechseln sich Landstraßen, geteerte Landwirtschaftswege, größere und kleiner Feldwege, Waldwege und vereinzelte Stücke auf schmalen Pfaden regelmäßig ab. Es werden einige Waldstücke durchwandert, in denen Sie mit etwas Glück Rehe, Füchse und andere Waldtiere beobachten können. Zur Unterstützung auf den teilweise holprigen Feldwegen und den verwurzelten Waldpfaden empfehle ich, bei Bedarf Wanderstöcke zu nutzen.

Je nach Jahreszeit kann es sein, dass auf den Feldwegen des Hunsrücks noch kein Gras gemäht wurde. Manchmal reicht es sogar noch bis fast zu den Knien. In der Regel zieht sich dort aber eine Spur der Traktoren entlang, der man gut folgen kann. Die Beschilderung des Ausoniusweges ist in der Regel gut bis sehr gut, Sie können den Weg kaum verfehlen.

Der Ausoniusweg führt über weite Strecken über die schönen Felder des Hunsrücks. Ihnen wird mit Sicherheit der ein oder andere Landwirt auf seinem schweren Gerät begegnen. In der Regel ist dies jedoch kein Problem, da die Menschen des Hunsrücks Wanderinnen und Wanderer gewöhnt und auf ihren Feldwegen sehr rücksichtsvoll unterwegs sind.

Das Höhenprofil des Weges ist sehr abwechslungsreich. Grundlegend steigen Sie bis Rheinböllen hinauf in den Hunsrück und erst kurz vor Trier wieder hinab an die Mosel. Zwischendurch gibt es immer wieder kleine Hügel oder Anhöhen zu erklimmen oder man steigt in die ein oder andere Senke ab. Lediglich ihm Herzen des Hunsrücks gibt es ein paar Teilstücke, die relativ flach und geradlinig verlaufen.

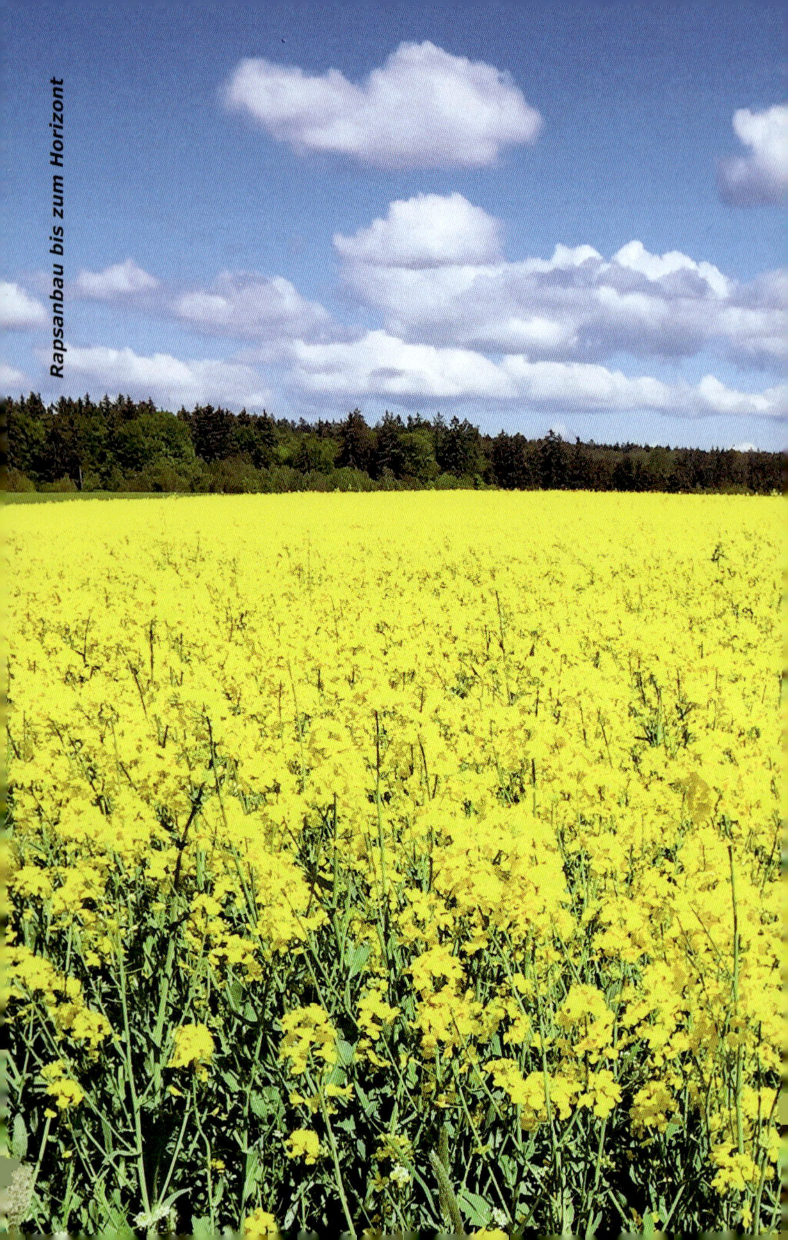
Rapsanbau bis zum Horizont

Der Ausoniusweg

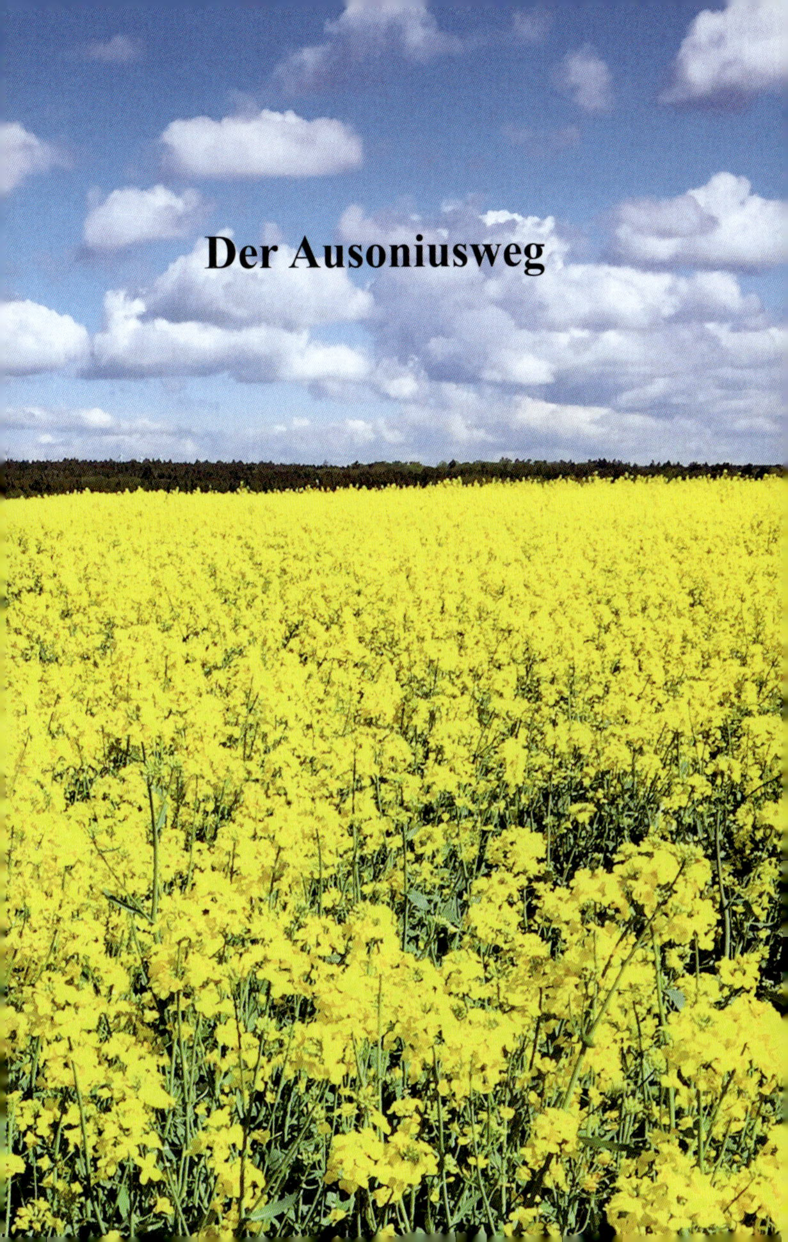

Vor Beginn der Pilgerreise können Sie sich in Bingen mit dem Nötigsten ausstatten. Die Innenstadt verfügt über eine gute Infrastruktur.

Bingen

BANK ✆ 067 21, 55411

Touristinformation, Rheinkai 21, ☏ 184 200, direkt über die Homepage, www.bingen.de, Mo-Do 9:00-16:00, Fr 9:00-13:00, 500 m, Richtung Rheinufer gelegen

Hotel Köppel, Kapuzinerstr. 12, ☏ 147 70, info@hotel-bingen.de, www.hotel-bingen.de, ÜF EZ oder DZ Tagespreise, Café Di-Sa 9:00-18:00, So 13:00-18:00, 300 m, am Rheinufer

NH Hotel Bingen, Museumsstr. 3, ☏ 79 60 oder +49 30/22 38 85 99, nhbingen@nh-hotels.com, www.nh-hotels.de, Ü EZ oder DZ Tagespreise, 800 m

♦ **Rheinhotel Starkenburger Hof**, Rheinkai 1-2, ☏ 143 41, adi.umlauf@live.de, www.rheinhotel-starkenburger.de, ÜF EZ ab € 55, DZ ab € 82, 300m

♦ **Hotel Krone**, Rheinkai 19-20, ☏ 170 16, info@hotel-krone-bingen.de, www.hotel-krone-bingen.de, ÜF EZ ab € 53, DZ ab € 84, € 5, auf Anfrage,

Rhein-Nahe-Jugendherberge, Herterstr. 51, ☏ 321 63, bingen@diejugendherbergen.de, www.diejugendherbergen.de, ÜF MBZ € 25,10, € 5,70, 1,7 km, in der Nähe des Hauptbahnhofs

Campingplatz Hindenburgbrücke, Mainzer Str. 199, ☏ 171 60, camping-bauerschorsch@web.de, www.bauer-schorsch.de, Ü Zelt mit 2 Personen € 17,50, kostenfrei, , Camping ganzjährig möglich, Rezeption Jan-März 8:00-18:00, April-Okt 8:00-24:00, 3,4 km, am Rhein entlang Richtung Mainz

Im Innenstadtbereich sowie am Kulturufer am Rhein finden Sie eine Vielzahl an Restaurants in verschiedenen Preiskategorien. Das Angebot reicht vom schnellen Imbiss über gutbürgerliche Küche bis hin zur Küche aus fernen Ländern. Sie finden bestimmt etwas Passendes beim Schlendern durch das Stadtzentrum.

☞ Touristinformation

Innerhalb der Stadt benötigen Sie vermutlich keinen öffentlichen Nahverkehr, da der Startpunkt des Ausoniusweges im Herzen des Stadtzentrums liegt. Infos zur Anreise per Bus: ☞ An- und Abreise

Die Bahnhöfe befinden sich in Laufnähe der Innenstadt, ☞ An- und Abreise.

www.taxi-eisloeffel.de, ☏ 356 49 oder 145 00, oder www.taxiontime.de, ☏ 484 54

☞ An- und Abreise

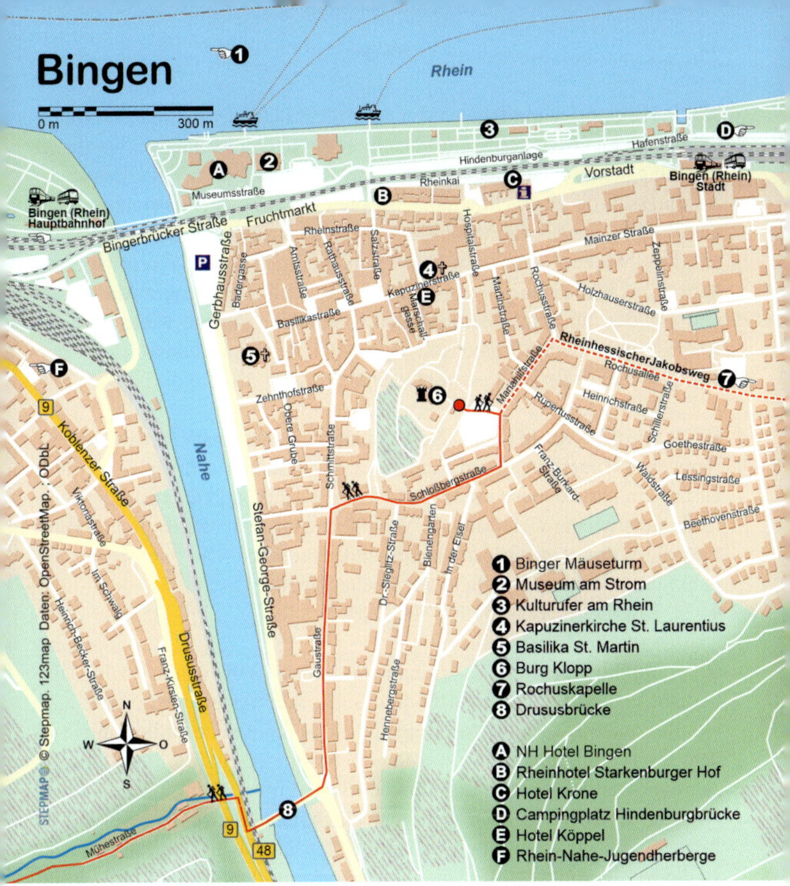

⌘ **Museum am Strom**. Untergebracht ist das Museum in einem ehemaligen Elektrizitätswerk. Das Gebäude ist heute ein Industriedenkmal und an sich sehenswert. Angeschlossen ans Museum ist ein Garten mit Heilpflanzen, im Gedenken an die Heilkünste der Äbtissin Hildegard von Bingen. Das Museum am Strom beherbergt als historisches Stadtmuseum diverse Dauerausstellungen zu den prägenden historischen Themen, die Bingen zu dem machten, was es heute ist.

♦ Museumsstr. 3, ☏ 18 43 53, ✉ museum-am-strom@bingen.de, 💻 www.bingen.de, 🚪 Di-So 10:00-17:00, Erwachsene € 3, ermäßigt € 2, ➲ 300 m

⌘ **Kulturufer am Rhein**. Von der Anlegestelle der Fähre nach Rüdesheim ganz im Osten des Kulturufers führt die Uferpromenade in westlicher Richtung 3 km entlang des Rheins. Am Kulturufer ist der Startpunkt der Ausflugsschiffe zur weltberühmten Loreley. Zahlreiche Spielplätze, Gärten, Wiesen und Sportmöglichkeiten laden zum Schlendern und Verweilen ein. Das Museum am Strom liegt ebenfalls direkt an der Promenade. Sie haben von hier einen tollen Blick auf den berühmten Binger Mäuseturm und auf das am gegenüberliegenden Rheinufer gelegene Rüdesheim am Rhein. Direkt an der Promenade liegen auch Restaurants und Cafés

♦ www.bingen.de, jederzeit frei zugänglich, ➲ ca. 500 m

✞ **Basilika St. Martin**. Die Basilika wurde auf den Überresten eines römischen Göttertempels erbaut. Seit ca. 1.500 Jahren steht an dieser Stelle bereits ein christliches Gotteshaus. Über die Jahrhunderte erfuhr die Basilika immer wieder viele bauliche Veränderungen. 1930 wurde ihr von Papst Pius die Würde einer päpstlichen Basilika verliehen. Die Kirche ist Startpunkt der jährlichen Wallfahrt zur Rochuskapelle.

♦ Basilikastr. 6, Mo-Do 9:00-17:00, ➲ 300 m

✞ **Rochuskapelle**, Die berühmte Wallfahrtskirche wurde im 16. Jahrhundert errichtet. Ein Brand Ende des 19. Jahrhundert zerstörte nahezu alle Reliquien Hildegard von Bingens, die in der Kirche aufbewahrt wurden. Diese Reliquien hatte die St. Rochusbruderschaft Anfang des 19. Jahrhunderts der zerstörten Eibinger Klosterkirche abgekauft. Zu Ehren Hildegard von Bingens ist ihr in der Kirche ein Altar gewidmet und ihr Leben wird in acht Stationen links des Seitenaltarflügels dargestellt. Heute ist die Kirche Ziel verschiedener Wallfahrten aus der Region Rheinhessen, zu denen sich jährlich viele Menschen einfinden. Die größte Wallfahrt findet im August zu Ehren des Pestheiligen St. Rochus statt und führt von der Pfarrkirche in Bingen (Basilika St. Martin) stetig den Weg hinauf zur Rochuskapelle.

Vom Rochusberg aus hat man zudem einen schönen Blick Richtung Rheinhessen. Dieser Ausblick faszinierte bereits den berühmten Dichter Goethe.

♦ Rochusberg 2, Sa 13:00-17:00, So und Feiertag 11:00-17:00, wenn keine Hochzeiten oder Taufen stattfinden, ➲ 1,6 km auf dem Jakobsweg aus Rheinhessen kommend

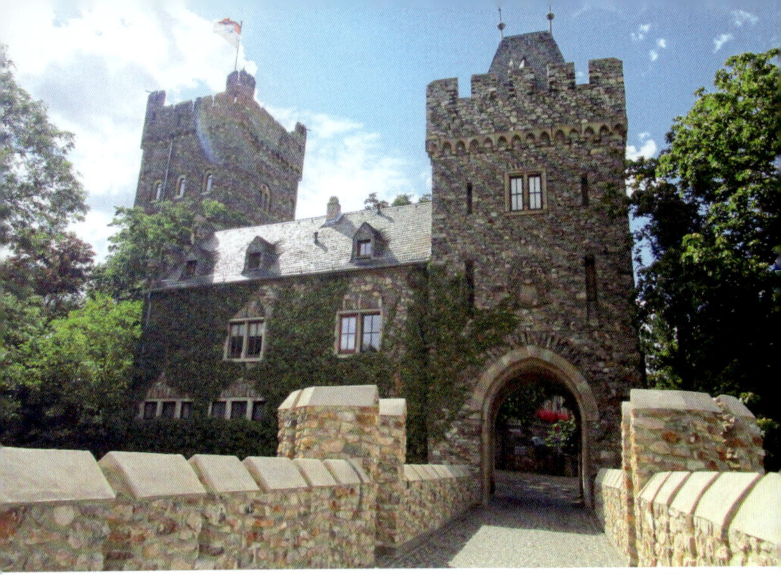

Burg Klopp

✞ **Kapuzinerkirche St. Laurentius**. Die Kirche geht zurück auf den katholischen Kapuzinerorden, der hier Ende des 16. Jahrhundert ein Kloster in Bingen errichten ließ. An der Stelle des Klosters steht heute das Heilig-Geist-Hospital.

♦ Kapuzinerstr. 13, ungewiss, ➲ 300 m

♜ **Burg Klopp**. Erstmals erwähnt wurde die Burg im 12. Jahrhundert. Wahrscheinlich befanden sich auf dem Berg aber bereits viele Jahrhunderte vorher erste Befestigungsanlagen. Das Außengelände der Burg ist jederzeit öffentlich zugänglich. Auf der Aussichtsplattform befindet sich auch der Startpunkt des Ausoniusweges. Im Rahmen von Führungen kann auch der Turm besichtigt werden. In den Burggebäuden sind heute die Stadtverwaltung und ein gehobenes ✗ Restaurant untergebracht.

♦ Mariahilfstr., www.bingen.de, ➲ Startpunkt des Weges

Archäologische Funde weisen in Bingen auf eine Besiedlung schon bereits vor mehreren Tausend Jahren durch keltische Stämme hin. Vor rund 2.000 Jahre nahmen die Römer das Gebiet für sich in Anspruch und trieben den Ausbau der Stadt ab dann voran.

Der Ausoniusweg beginnt in Bingen auf der Burg Klopp, im Herzen der Innenstadt. Von der Aussichtsplattform haben Sie einen tollen Blick ins Rheintal mit Aussicht auf den Binger Mäuseturm auf einer kleinen Insel direkt im Rhein. Er wurde wahrscheinlich im 14. Jahrhundert als Wehr- und Zollturm der Burg Ehrenfels errichtet.

Der Binger Mäuseturm ist heute das Wahrzeichen der Stadt Bingen. Die Ruine der alten Zollburg Ehrenfels sehen Sie auf der gegenüberliegenden Rheinseite, eingebettet in die Weinberge des Rheingaus. Gemeinsam mit dem Binger Mäuseturm und der Burg Klopp bildete sie lange die Zollstation bei Bingen am Rhein.

Ebenfalls auf der anderen Rheinseite können Sie auf dem Berg oberhalb von Rüdesheim das Niederwalddenkmal erblicken. Es wurde 1883 in Erinnerung an den Deutsch-Französischen Krieg von 1870/71 erbaut. Der Mäuseturm, die Burg Ehrenfels, die Burg Klopp und das Niederwalddenkmal sind seit 2002 Teil des UNESCO-Welterbes Oberes Mittelrheintal.

Hildegard von Bingen

Hildegard von Bingen (1098-1179) war Äbtissin, Naturheilkundlerin und Komponistin. Geboren als zehntes und jüngstes Kind einer wohlhabenden Familie hatte sie bereits in ihrer frühen Kindheit Visionen, die dazu führten, dass ihre Eltern sie in die Obhut religiöser Erziehung gaben. Hildegard wuchs im Kloster auf.

Als erwachsene Frau wurde sie dann zur Äbtissin gewählt und gründete um 1150 ein eigenes Kloster auf dem Rupertsberg bei Bingen. Im gegenüberliegenden Rüdesheim gründete sie eine Zweigstelle ihres Klosters, die heutige Abteil St. Hildegard (diese können Sie vom Rheinufer aus am Berg oberhalb von Rüdesheim sehen).

Sie eignete sich im Laufe ihres Lebens ein umfangreiches Wissen über Heilkräuter an und verfasste mehrere medizinische Abhandlungen. Hierbei vertrat sie, weit ihrer Zeit voraus, einen ganzheitlichen Heilungsansatz und beschäftigte sich intensiv mit der Rolle der Frau. Auch politisch war sie Zeit ihres Lebens aktiv und scheute nicht davor zurück, Kritik am Klerus ihrer Zeit zu üben. Zusätzlich zu ihren politischen und wissenschaftlichen Aktivitäten verfasste sie auch viele Texte und Melodien.

Trotz mehrfacher Anläufe wurde Hildegard von Bingen erst im Jahr 2012 von der katholischen Kirche heiliggesprochen.

Der Binger Mäuseturm und seine Legende

Der Name „Mäuseturm“ leitet sich wahrscheinlich von dem mittelhochdeutschen Wort „musen“ ab. Es bedeutet „spähen“ oder „lauern“ und geht zurück auf die Wehrfunktion des Turms.

Laut einer Legende geht der Name jedoch auf den Mainzer Erzbischof Hatto zurück. Dieser regierte mit großer Grausamkeit und Härte. Trotz gut gefüllter Kornkammern kam er während einer Hungersnot den notleidenden Menschen nicht zur Hilfe. Er ließ aufständige Bürger in einer Scheune einsperren und verbrennen. Die Schreie der Menschen kommentierte er mit dem Satz: „Hört, die Kornmäuse pfeifen.“ Während des Brandes flüchteten die Mäuse aus der Scheune und verfolgten ihn ab diesem Tage auf Schritt und Tritt. In seiner Verzweiflung flüchtete er sich auf die Insel und in den Mäuseturm. Die Mäuse jedoch schwammen durch den Rhein und fraßen ihn bei lebendigem Leibe auf.

Daher der Name Mäuseturm.

1. Etappe: Bingen (Burg Klopp) – Rheinböllen

21,8 km, 5 Std. 55 Min., 680 m, 397 m, 83-602 m

0,0 km	120 m	Bingen (Burg Klopp)
3,2 km	251 m	Weiler bei Bingen
13,0 km	585 m	Forsthaus Lauschhütte
19,6 km	414 m	Dichtelbach
21,8 km	404 m	Rheinböllen

Auf der ersten Etappe geht es erst einmal ein paar Höhenmeter hinauf. Direkt hinter Bingen führt der Weg auf einem eher schmalen Pfad hoch nach Weiler bei Bingen. Hinter dem Ort geht es ein Stück eher flach entlang der Straße, bis Sie in ein Waldstück gelangen. Ab hier geht es langsam, aber stetig auf Schotterwegen bergauf. Auf der Lauschhütte angekommen geht es weiter durch den Wald, mal auf und mal ab, bis Sie in das Dorf Dichtelbach gelangen. Hinter dem Ort führt der Weg kurz über ausgedehnte Felder, bis Sie schließlich das Tagesziel Rheinböllen erreichen.

☺ Die Burg Klopp ist aus dem Innenstadtbereich gut sichtbar, Sie können den Startpunkt des Ausoniusweges also kaum verfehlen. Der Aufstieg zur Burg kann von verschiedenen Seiten aus erfolgen. Oben angekommen öffnet sich vor Ihnen die Aussichtsplattform, von der aus Sie nochmals die Stadt von oben bewundern können.

Start des Ausoniusweges

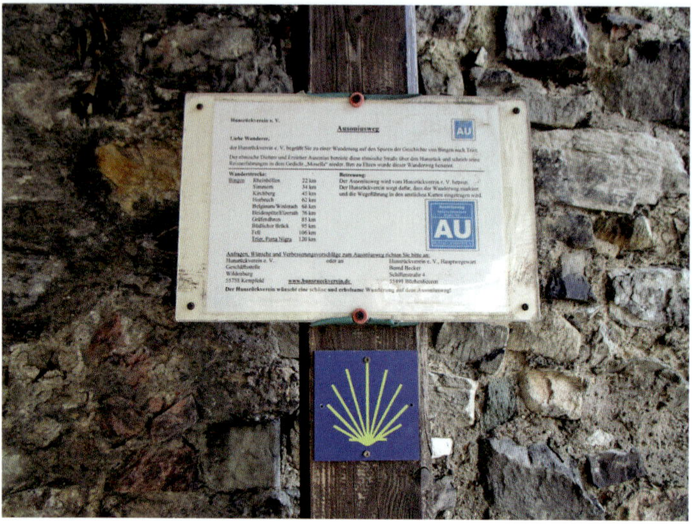

Wenn Sie sich von der Aussichtsplattform dem Innenhof der Burg zuwenden, sehen Sie auf der gegenüberliegenden Seite der Stadtverwaltung ein kleines hölzernes Vordach. Ganz rechts unter dem Dach, bevor sich der Innenhof der Burg zu der Aussichtsplattform öffnet, befindet sich der offizielle Startpunkt des Ausoniusweges, markiert mit einer Tafel sowie den Symbolen der Wegmarkierung (gelbe Jakobsmuschel auf blauem Grund und weißes „AU" auf grünem Grund).

Wenn Sie von dort wieder Richtung Stadtverwaltung schauen, sehen Sie die erste Wegmarkierung an dem Wegweiser auf dem Innenhof. Folgen Sie dem Weg Richtung Torbogen und unter dem Turm hindurch. Gehen Sie weiter geradeaus in Richtung des nächsten Torbogens.

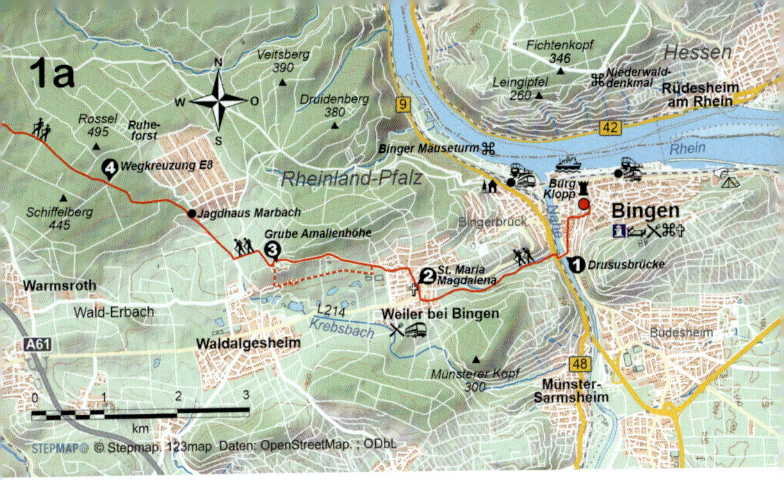

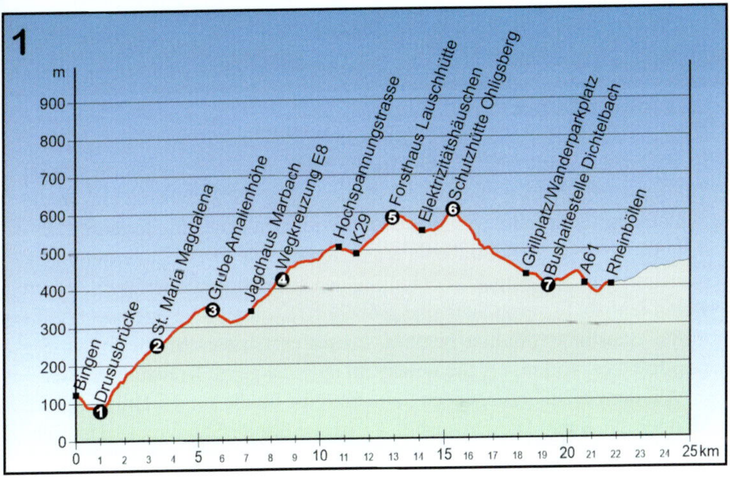

Links an der Mauer sehen Sie zwei Markierungen mit der gelben Jakobsmuschel. Ein Weg führt nach links auf den Jakobspilgerweg Rheinhessen. (Sollten Sie bereits auf dem Rheinhessischen Jakobsweg angereist sein, haben Sie von hier kommend die Burg bestiegen.) Sie folgen dem Hunsrücker Jakobsweg und biegen hinter dem Torbogen nach rechts ab.

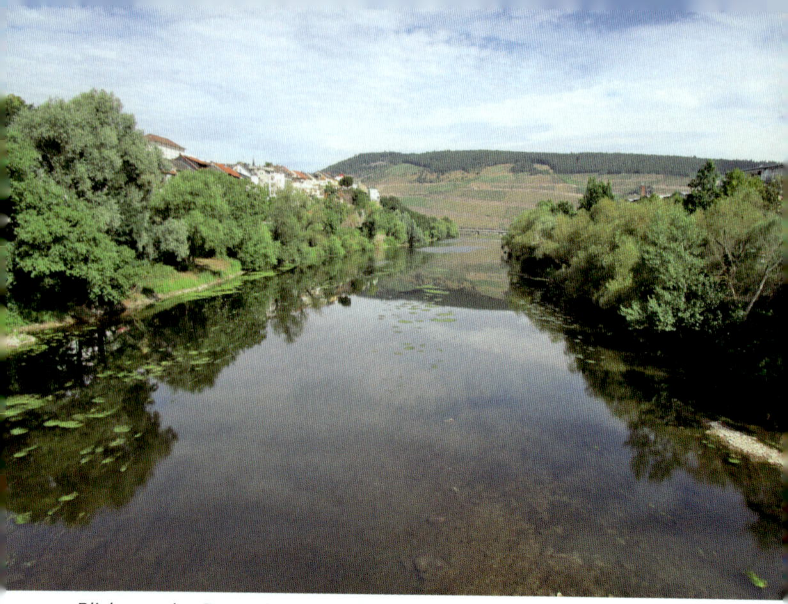

Blick von der Drususbrücke in Bingen

Folgen Sie der Straße bergab bis zum Ende. An der gegenüberliegenden Straßenseite sehen Sie eine weitere Markierung, die Sie nach rechts in die Schloßbergstraße führt. Wenn Sie an der rechten Straßenseite laufen, finden Sie an mehreren Straßenlaternen immer wieder Wegmarkierungen, manchmal etwas versteckt. Folgen Sie der Schloßbergstraße für ca. 300 m weiter bergab. Sie erreichen eine größere Kreuzung und biegen nach links in die Gaustraße, die hier beginnt. Dieser eher tristen Straße folgen Sie geradeaus ca. 450 m, bis Sie wiederum auf eine große Kreuzung treffen.

Auf der gegenüberliegenden Seite führt die Straße auf der Drususbrücke ❶ über die Nahe. Die Drususbrücke ist die älteste Steinbrücke Deutschlands und wurde bereits im 11. Jahrhundert erbaut. Sie ist benannt nach dem römischen Feldherrn Drusus, Stiefsohn von Kaiser Augustus.

Am besten laufen Sie auf der rechten Straßenseite der Brücke, so können Sie von der Brücke aus gut sehen, wie die Nahe in den Rhein mündet. Auch auf das Niederwalddenkmal können Sie noch einmal einen Blick werfen.

Auf der anderen Seite der Nahe queren Sie die Bahngleise und biegen nach rechts ab. Nach wenigen Metern biegen Sie direkt wieder links in die Mühestraße ein.

Am Anfang der Straße befindet sich eine erste Informationstafel über den Ausoniusweg und seinen römischen Namenspatron. Gehen Sie unter der Unterführung durch, vorbei an der türkischen Gemeinde, bis zum Ende der Straße. Diese mündet in einen Schotterweg, der hinter den letzten Häusern in Form eines Pfades in den Wald mündet. Dort sehen Sie auch ein Holzkreuz mit der Aufschrift „Alte Römerstraße nach Weiler – Ausoniusweg".

Sie gehen stetig und langsam bergauf. An den Bäumen und Wegkreuzungen befinden sich immer wieder Wegmarkierungen des Ausoniusweges sowie parallel dazu die Markierung des Wanderweges Rhein-Nahe in Form einer gelben Traube. Rechts von Ihnen tauchen schließlich die ersten Häuser und der Kirchturm des Dörfchens Weiler bei Bingen auf.

Wenn Sie den Rand des Dorfes erreicht haben, erwartet Sie wieder ein Holzkreuz mit der Aufschrift „Alte Römerstraße nach Bingen". Folgen Sie der Straße weiter geradeaus. An der ersten Kreuzung biegen Sie nach rechts in den Münsterer Weg ab. (✋ Achtung: An der Kreuzung ist eine Jakobsmuschel angebracht, die Sie fälschlicherweise nach links führen würde.) Sie folgen der Straße nach rechts und sehen bereits nach wenigen Metern auf der rechten Seite den Dorfplatz mit seinem Dorfbrunnen. Geradeaus sehen Sie wieder den Kirchturm.

Weiler bei Bingen ✕ 🛒 ⚕ ⊙ ✝ 🚌 ✆ 067 21, ✉ 55413

🛒 Biegen Sie am Dorfplatz nach links in die Hauptstraße (Stromberger Straße) ab, nach ca. 400 m sehen Sie auf der rechten Straßenseite den Supermarkt und die Apotheke.

⚕ ☞ Einkaufsmöglichkeiten

⊙ ☞ St. Maria Magdalena

🚌 nach Bingen und Rheinböllen, Mo-Fr ca. alle 30 Minuten, Sa-So ca. alle 2 Stunden, 💻 www.vrminfo.de, ➲ 200 m, am Dorfplatz links abbiegen

✝ **St. Maria Magdalena**, kleine Dorfkirche im neugotischen Stil

♦ Kirchstr. 5, ☏ 430 93, ➲ direkt am Weg

Vom Dorfplatz aus queren Sie die Hauptstraße L214 geradeaus in die Hildegardisstraße. An der Kirche St. Maria Magdalena ❷ folgen Sie links quer über den kleinen Kirchplatz weiter der Hildegardisstraße. Diese macht einen kleinen Bogen nach rechts (Einbahnstraße) und mündet ca. 100 m weiter geradeaus in die Straße Auf der Trift.

Diese macht nach ca. 100 m einen Bogen nach links. In dieser Kurve sehen Sie an der rechten Seite eine Holzsäule mit kunstvollen Schnitzereien. Kurz hinter der Kurve gibt es auf der rechten Seite eine nette ⛼ Rastmöglichkeit, mit einem kleinen Brunnen.

Nach ca. 200 m stoßen Sie an den Feldrand sowie die Landstraße. Gehen Sie halb rechts weiter bis zum Ortsrand. Dort befindet sich ein Wanderparkplatz und eine weitere ⛼ Rastmöglichkeit.

↳ Alternativ zur offiziellen Streckenführung an der Landstraße entlang biegen Sie hier links in den Feldweg Richtung Sportplatz ab. Vor dem Sportplatz biegen Sie wiederum rechts in einen weiteren Feldweg ab. Der Weg führt nun über Wiesen und vorbei an ein paar Pferdekoppeln. Es geht immer geradeaus, bis Sie auf das Dorf Waldalgesheim treffen. Sie folgen weiter der Straße, bis Sie auf der linken Seite zwei alte Fachwerkhäuser sehen. Hier biegen Sie nach rechts in die Dr.-Geier-Straße. Wenige Meter weiter führt ein etwas unscheinbarer Weg rechts steil bergauf. Diesem Weg folgen Sie, vorbei an den Mauern der stillgelegten Grube Amalienhöhe. Der Weg endet am großen Hauptportal der Grube, dort treffen Sie wieder auf die eigentliche Streckenführung.

Wenn Sie die offizielle Streckenführung wählen, geht es einige Zeit weiter entlang der Landstraße. Es empfiehlt sich, am linken Straßenrand zu laufen, um entgegenkommende Fahrzeuge frühzeitig zu sehen. Die Straße führt in den Wald hinein, wo Sie einen Landwirtschaftshof passieren. Nachdem Sie den Wald wieder verlassen haben, folgt auf der linken Seite die stillgelegte Grube Amalienhöhe ❸. Sie laufen ein Stück am Gelände entlang, bis Sie auf den ehemaligen Haupteingang der Grube stoßen.

In der Grube Amalienhöhe wurden von 1885 bis1971 verschiedene Mineralien abgebaut. Die Gebäude im neobarocken Stil gehören seit 2002 als Industriedenkmal zum UNESCO-Weltkulturerbe. Die Grube befindet sich heute auf Privatgelände und kann nicht besichtigt werden. Durch den Zaun kann man jedoch einen Blick auf die ehemaligen Gebäude werfen. Diese sind z. T. restauriert und erinnern an die glanzvollen Zeiten.

Am Haupteingang der Grube trifft die Alternativstrecke wieder auf den Weg. Sie gehen weiter entlang der Straße bergab, wo Sie eine schöne

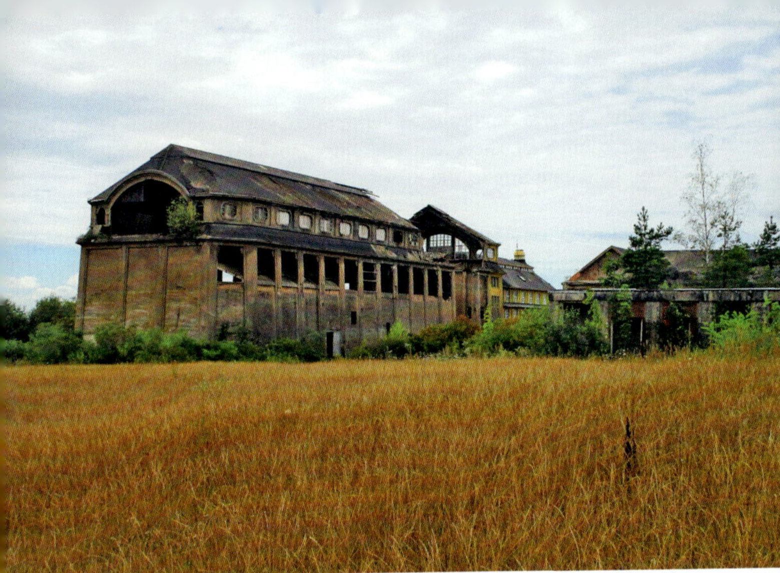

Die stillgelegte Grube Amalienhöhe

Aussicht haben, und treffen in der Kurve unten auf eine ⛼ Rastmöglichkeit. Sie folgen der Linkskurve der Straße bis zur nächsten Kreuzung. Diese queren Sie nach rechts in Richtung des „Ruheforsts“, links vorbei am Gedenkkreuz.

Ab hier geht es stetig bergauf, rechts vorbei an ein paar Wohngebäuden und weiter geradeaus Richtung Wald. Am Waldrand befindet sich eine weitere ⛼ Rastmöglichkeit. Sie folgen weiter den Schildern Richtung Ruheforst auf der geteerten Straße.

Nach ca. 200 m sehen Sie bei einer Kreuzung das Jagdhaus Marbach, der Weg biegt nach links in einen Schotterweg ein. Diesem folgen Sie immer weiter, bis Sie auf eine größere Kreuzung im Wald treffen. Dort wird der Ausoniusweg vom E8 ❹ sowie dem Hildegard-von-Bingen-Pilgerweg gekreuzt. Für Sie geht es weiter geradeaus durch den Wald und Sie sehen bereits das erste große Windrad. Die Windräder werden auf dem Ausoniusweg über den Hunsrück für Sie ein ständiger Begleiter sein.

Die groben Schottersteine auf diesem Abschnitt und die stetige Wegführung bergauf machen den Anstieg teilweise etwas mühselig. Sie passieren einige weitere Windkrafträder. Auf der Höhe des letzten Windrads haben Sie bereits einen ersten schönen Blick auf den Hunsrück.

Sie gehen immer geradeaus weiter auf dem gut ausgebauten Weg. Dieser kreuzt schließlich die Freifläche einer Hochspannungstrasse und Sie erreichen bald eine Straße, die K29.

Dieser folgen Sie nach rechts immer bergauf in den Wald hinein. Nach ca. 1 km erreichen Sie schließlich das Forsthaus Lauschhütte ❺. Es ist ein beliebtes Ausflugsziel mit einem angeschlossenen Klettergarten.

Forsthaus Lauschhütte, 55442 Daxweiler, ☏ 067 24/603 80 13, info@lauschhuette.de, www.lauschhuette.de, Mai-September, Restaurant Fr-So ab 12:00, in den Ferien Di-So ab 12:00, direkt am Weg. Das Forsthaus Lauschhütte ist an Wochenenden ein beliebtes Ausflugsziel, da ein Kletterpark angeschlossen ist – nach dem Anstieg aus Bingen eine optimale Raststation zur Stärkung.

Hinter dem Forsthaus Lauschhütte verlassen Sie die Straße und biegen links in den Waldweg ein, dem Wegweiser Richtung Rheinböllen folgend. Nach wenigen Metern kommt bereits die erste Weggabelung. Hier geht es halb rechts weiter.

Der Ausoniusweg verläuft ab hier einige Zeit parallel zum Soonwaldsteig (ein Weitwanderweg quer durch den Hunsrück von Kirn bis Bingen). Sie folgen der Wegbeschilderung bergab und treffen nach kurzer Zeit wieder auf die Hochspannungstrasse, die Sie bereits auf dem Weg zur Lauschhütte gekreuzt haben. An der Kreuzung, die sich mitten unter den Leitungen befindet, ist eine Infotafel angebracht, die Wissenswertes über den Lebensraum unter einer Hochspannungstrasse vermittelt.

Es geht geradeaus über die Kreuzung unter den Leitungen hindurch und wieder hinein in den Wald. Dort steht auf der rechten Seite ein Elektrizitätshäuschen. Die Bank gegenüber können Sie bei Bedarf für eine kleine Pause nutzen.

Weiter geht es geradeaus durch den Wald bis zur nächsten größeren Weggabelung.

Sie nehmen die Abzweigung nach links, immer den Markierungen des Soonwaldsteigs und Ausoniuswegs folgend. Sie sehen bereits wieder ein paar Windräder, an denen vorbei es wieder bergauf geht.

An der nächsten Abzweigung trennt sich der Soonwaldsteig von Ihrer Wegführung. Sie folgen geradeaus weiter den Markierungen des Ausoniuswegs, vorbei an der kleinen Schutzhütte Ohligsberg ❻. Kurz hinter der

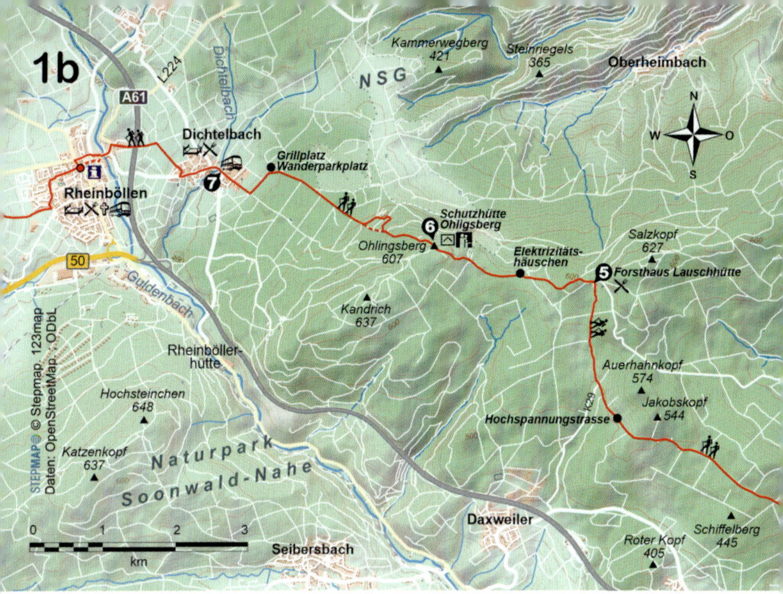

Hütte hat man rechter Hand einen tollen Ausblick auf den Rheingau und kann sogar ein kleines Stück des Rheins sehen. Die Hügellandschaft hinter dem Rhein ist das berühmte Weinanbaugebiet des Rheingaus.

Hinter der Schutzhütte geht es dann erst einmal einige Zeit bergab, bis Sie auf einen geteerten Weg treffen. Hier biegen Sie nach links ab und direkt nach wenigen Metern wieder nach rechts hinein in den Wald.

> ↳ Alternativ können Sie dem geteerten Weg weiter bergab folgen. Die offizielle Wegführung trifft ebenfalls kurze Zeit später wieder auf diesen befestigten Weg.

Wenn Sie sich für den Waldweg entschieden haben, folgen Sie dem Weg bergab, bis Sie an einer kleinen, eher unscheinbaren Kreuzung ankommen. Dort geht es der Beschilderung Richtung Rheinböllen und Dichtelbach nach links folgend weiter, vorbei an einem eingezäunten Gelände. Der Waldweg trifft am Tor zum Gelände wieder auf eine befestigte Straße. Sie gehen nach links am Windrad vorbei und treffen dann wieder auf den geteerten Weg, den Sie weiter oben bereits gekreuzt haben. Hier trifft die Variante auch wieder auf die offizielle Wegführung.

Ab hier geht es immer geradeaus bergab. Nach gut 1 km treffen Sie auf eine größere Kreuzung, an deren Ende eine kleine ⩩ Bank zum Ausruhen steht. Sie folgen weiter der Beschilderung bergab. Die Straße macht einen leichten Bogen nach links. Dort befindet sich ein Wanderparkplatz sowie der ⩩ Grillplatz des Ortes Dichtelbach, welchen Sie bald erreichen werden.

Es geht nun ein Stück weiter am Waldrand entlang, bis Sie auf eine Kreuzung treffen, an der Ihnen das weiße AU den Weg nach rechts hinein in die Ortschaft weist.

Sie gehen immer geradeaus bis Sie an eine größere Kreuzung mit Bushaltestelle ❼ an die Hauptverkehrsstraße stoßen. Hier gehen Sie geradeaus über die Kreuzung.

Auf der linken Seite sehen Sie einen kleinen Turm, welcher der Stromversorgung dient. Der Hauptstraße (Rheinböllener Straße) folgend geht es geradeaus bergauf.

Felder hinter Dichtelbach

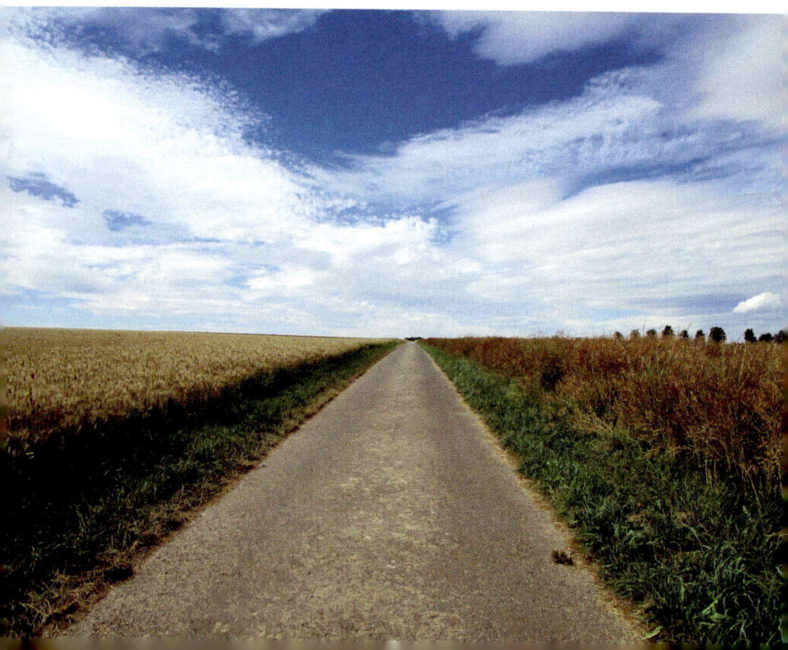

Sie kreuzt hier einen kleinen Bach mit ein paar Wiesen rechts und links. Es geht weiter an der Hauptstraße entlang, bis Sie im Ortskern auf der rechten Straßenseite die Pension Zum Felsenkeller erreichen.

Dichtelbach 067 64, 55494

Zum Felsenkeller, Rheinböllener Str. 31, 303 17 90, wilhelm@felsenkeller.de, www.felsenkeller.de, ÜF EZ € 45, DZ € 65, € 4, ohne Aufpreis, direkt am Weg

Verbindungen nach Rheinböllen, nur Mo-Fr ca. alle 2 Stunden, z. T. nur mit Voranmeldung, 401 93 44, www.vrminfo.de

Dichtelbach ist ein kleiner Ort an der Grenze zwischen dem Hunsrück und dem Rheintal. Er ist idealer Ausgangsort für Touren und Ausflüge in beide Regionen.

Es geht weiter entlang der Hauptstraße. Nach knapp 300 m führt der Weg rechts hinein in das Neubaugebiet. Sie folgen der Einbahnstraße Auf der Kreuzwies. Diese macht nach kurzer Zeit einen Bogen nach links und Sie können bereits die Felder sehen.

Am Beginn des Feldweges suchen Sie vergeblich nach einer Markierung. Folgen Sie dem Feldweg geradeaus bergauf, bis Sie an eine Kreuzung treffen. Hier begegnen Sie dem E3, dem Sie nach links Richtung Rheinböllen folgen. An dieser Kreuzung befindet sich auch wieder eine Markierung des Ausoniusweges. Sie können von dieser Anhöhe aus bereits den Ort sehen, ebenso wie die nahe gelegene Autobahn, die direkt an Rheinböllen vorbeiführt.

Folgen Sie dem Weg unter der Autobahnbrücke hindurch in die Stadt hinein. Es geht weiter bergab, bis Sie an die Hauptverkehrsstraße treffen. Hier biegen Sie nach links ab und folgen der Straße. Diese überquert einen kleinen Bach und an der darauffolgenden Gabelung gehen Sie rechts die Straße Hinterster Graben hoch, der Beschilderung zum Hochwildschutzpark folgend.

Wenn Sie in Rheinböllen übernachten wollen, können Sie an der Gabelung schon nach links und nach ca. 250 m wieder rechts gehen. Dann befinden Sie sich im Ortskern.

An der nächsten Straßenkreuzung befindet sich eine kleine Wiese mit Rastmöglichkeit. Sie gehen weiter Richtung Freizeitbad und stoßen bald auf eine große Straßenkreuzung.

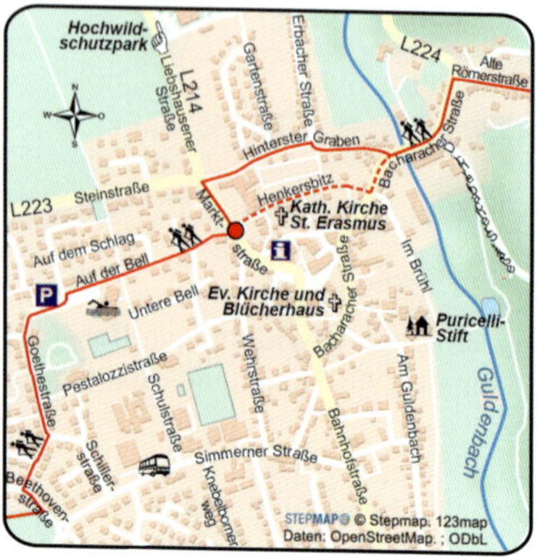

Weg durch Rheinböllen

Hier biegen Sie links in die Marktstraße ab und sehen bereits den Kirchturm der kath. Kirche in Rheinböllen hinter den Häusern heraufragen.

Kurz hinter der Schule, an der Sie vorbeigehen, ermöglicht eine Fußgängerampel den sicheren Übergang über die Hauptstraße.

Der Ausoniusweg biegt hier rechts in die Straße Richtung Freizeitbad ein. An der Kreuzung befindet sich eine weitere Rastmöglichkeit.

Wenn Sie die Marktstraße weiter bergab laufen, erreichen Sie ebenfalls das Stadtzentrum von Rheinböllen.

Rheinböllen 067 64, 55494

Touristinformation, Am Markt 1, 39-0, touristinformation@rheinboellen.de, www.rheinboellen.info, Mo-Fr 8:00-12:00, Do auch 14:00-18:00, 150 m

Informationen zu Unterkünften und Tagespreisen erhalten Sie über www.booking.com sowie über das Übernachtungsverzeichnis der zuständigen Jakobusgesellschaft www.jakobusgesellschaft.eu.

Diverse Imbisse und Restaurants finden sich rund um den Markt, in den Seitenstraßen und entlang der Hauptstraße.

kath. Pfarramt Rheinböllen, Kirchgasse 5, 30 20 80, st.erasmus@kath-pfarrgemeinde-rheinboellen.de, Mo 16:00-18:00, Di, Do, Fr 9:00-12:00, 150 m

Touristinformation

Verbindungen nach Simmern und Bingen jeweils Mo-Fr ca. stündlich, Sa-So alle 2 Stunden, www.vrminfo.de

✞ **Ev. Kirche und Pfarrhaus**. Zu Berühmtheit gelangte das Pfarrhaus, auch „Blücherhaus" genannt, durch den Besuch von Prinz Wilhelm mit seinem Marschall Blüchner, der im Kampf gegen Napoleon am Rhein eine wichtige Rolle spielte.

♦ Bacharacher Straße 8, ☏ 12 75, ➲ 150 m

✞ **Kath. Kirche St. Erasmus**. Neugotische Kirche aus dem 19. Jahrhundert. Markant ist die Verkleidung der Außenfassade mit roten Ziegelsteinen.

♦ Kirchgasse 5, 🚪 ungewiss, ➲ 150 m

Rheinböllen ist eine Kleinstadt am Eingang zum Hunsrück. Sie verfügt über eine sehr gute Infrastruktur. Rund um den Marktplatz und in der Nähe des Stadtzentrums finden Sie Einkaufsmöglichkeiten und auch die beiden Kirchen in Laufnähe.

Der kleine Pfarrgarten der kath. Kirchengemeinde lädt zum Verweilen ein. Besonders schön ist auch das historische Rathaus im Herzen der Stadt. Sogar der preußische Prinz Wilhelm verbrachte Anfang des 19. Jahrhunderts eine Nacht in Rheinböllen.

Familie Puricelli und die Rheinböllerhütte

Die Familie Puricelli stammte ursprünglich aus Italien. Durch Heirat wurden sie Teil einer Industriefamilie in Rheinböllen. Mit dem Abbau und der Verarbeitung von Eisen erlangte sie großen Wohlstand. Diesen setzte sie immer auch für vielfältige wohltätige Zwecke ein und gründete unter anderem das Puricelli-Stift.

Ihre wohltätigen Aktivitäten reichten von Trier über die Mosel bis nach Bad Kreuznach. Die Innenausstattung der katholischen Kirche St. Erasmus ist ebenfalls zum Großteil von den Puricellis gespendet. Die hunsrücker Linie der Familie starb Mitte des vergangenen Jahrhunderts in Deutschland aus.

Das Eisenwerk – heute die Rheinböllerhütte – befindet sich nicht mehr im Besitz der Familie, es gibt aber noch zahlreiche Gebäude, die noch immer im Familienbesitz sind.

Hierzu zählt unter anderem auch die Familiengruft, die sich außerhalb der Stadt befindet.

2. Etappe: Rheinböllen – Kirchberg

➲ 26,6 km, ⌛ 7 Std., ↑ 369 m, ↓ 349 m, ⇧ 318-469 m

0,0 km	⇧ 404 m	Rheinböllen
14,9 km	⇧ 339 m	Simmern
26,6 km	⇧ 437 m	Kirchberg

Von Rheinböllen aus geht es direkt hinter dem Ortsschild weiter bergauf bis zur Römersiedlung. Bis Simmern wechseln sich Wald, Wiesen und Felder in regelmäßigen Abständen ab. Es geht immer mal etwas auf- und abwärts. Die Stadt Simmern durchqueren Sie, bevor es weiter durch die typische Hunsrücklandschaft geht. Sie passieren kleine, verschlafene Dörfer sowie kleinere und größere Waldstücke. Schließlich taucht vor Ihnen der Wasserturm von Kirchberg auf und bis in die kleine Stadt ist es nicht mehr weit.

Sie folgen der Straße Richtung Freizeitbad, lassen es links liegen und laufen über den Parkplatz des Schwimmbads. An dessen Ende befindet sich eine Bank zum Ausruhen.

Biegen Sie links hinter dem Parkplatz in die Goethestraße ein. Es geht vorbei am Goethepark, einer großen Grünfläche inklusive Bolzplatz. Sie folgen der Goethestraße bis zum Ende und biegen dann links in die Beethovenstraße ein. Nach ein paar Metern geht es dann nach rechts raus aus der Stadt auf einen von Bäumen gesäumten Weg.

Ab hier geht es nun stetig bergauf. Auf dem Weg nach oben bieten sich wieder mehrere Rastmöglichkeiten. Oben angekommen macht der Weg einen Bogen nach links. Dahinter biegen Sie rechts ab Richtung Wald, geradewegs auf den großen Strommast zu. An diesem biegen Sie rechts ab. Es geht zunächst ein kleines Stück entlang des Waldes, bevor Sie nach links, dem Fahrradweg folgend, in diesen abbiegen.

Der Weg führt gerade durch den Wald, bis Sie eine Straße erreichen. Diese queren Sie und gehen in die Waldsiedlung ❶ von Rheinböllen hinein. Sie folgen der Waldstraße geradeaus hinein in die Siedlung. Bevor die Straße einen Bogen nach links macht, biegen Sie an der Beschilderung „Haus am See“ nach rechts in den Heideweg.

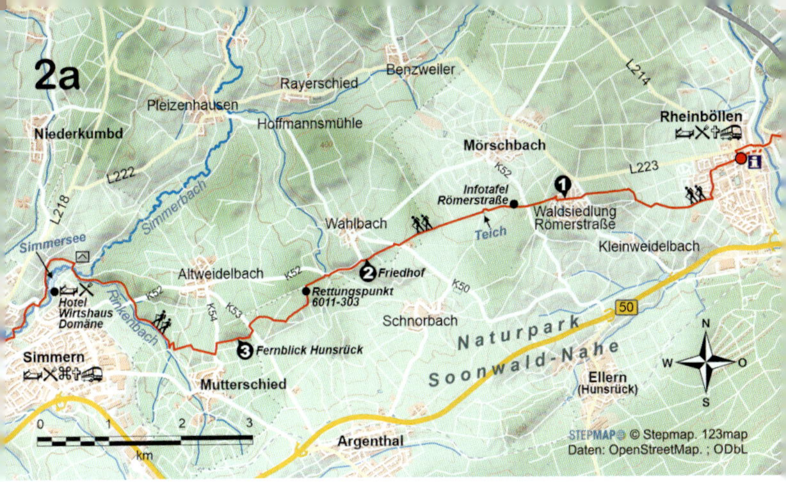

2

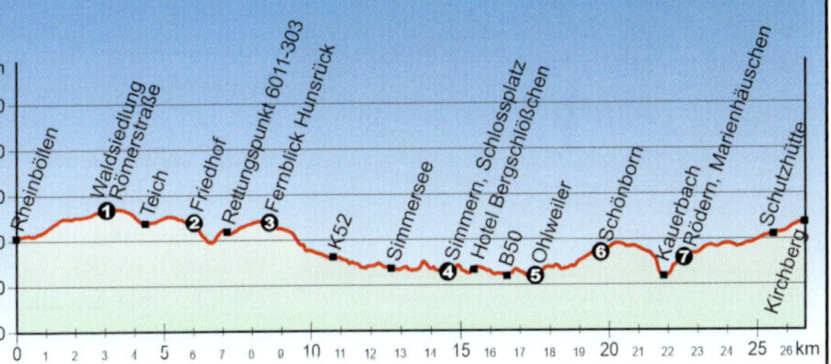

Bereits nach ein paar Metern verlassen Sie die Straße und biegen nach links in den Schotterweg ab der in den Wald führt. An dieser Abzweigung befindet sich eine schattige Rastmöglichkeit.

Sie stoßen auf ein Wasserhäuschen, welches Sie rechts liegen lassen, und gehen geradeaus hinein in den Wald. Lassen Sie sich nicht von der Schranke irritieren, laufen Sie einfach durch. Nach kurzer Zeit queren Sie im Wald eine Straße (K52) und gehen geradeaus weiter. Am Ende des Waldstücks ist ein toller Rastplatz hergerichtet. Hier finden Sie auch eine Informationstafel zur alten Römerstraße und haben einen schönen Blick auf die typische Landschaft im Hunsrück mit seinen Wiesen, Feldern, Wäldern, kleinen Bergen und auch jeder Menge Windräder.

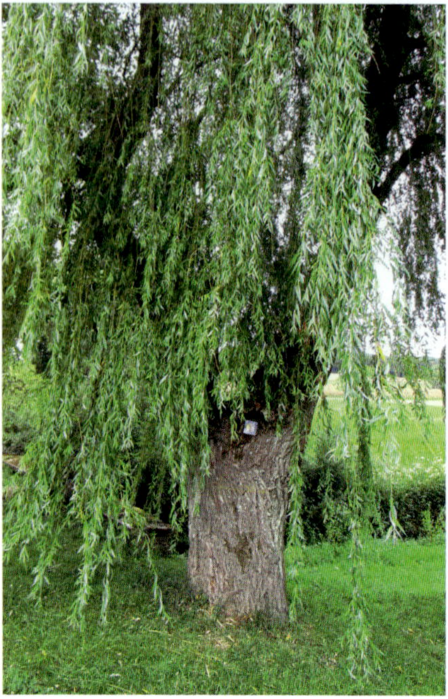

Zwischen Rheinböllen und Kirchberg

Ab hier geht es geradeaus entlang des Feldweges bergab. Hinter dem Gebüsch auf der rechten Seite versteckt sich noch eine wunderbar geschwungene ⩩ Bank, die zum Verweilen einlädt. Am Ende des Feldweges biegen Sie nach rechts ab und unmittelbar danach wieder nach links. Auf der linken Seite sehen Sie einen kleinen Teich und vor Ihnen die nächste Weggabelung.

Hier folgen Sie dem rechten Weg, der nun wieder stetig bergauf führt. Weiter oben sehen Sie bereits das nächste Waldstück. Der Weg führt am Waldrand vorbei weiter geradeaus, bis Sie auf die nächste Straße treffen.

Hier biegen Sie nach rechts ab und sehen nach wenigen Metern am Baum auf der rechten Straßenseite eine Wegmarkierung. Diese führt Sie über die Straße auf einen etwas unscheinbaren Feldweg. Es geht entlang einer kleinen Reihe Bäume mit direktem Blick auf drei Windräder vor Ihnen. Nach kurzer Zeit gelangen Sie wieder auf einen Schotterweg und gehen geradewegs auf einen Friedhof ❷ zu.

Diesen lassen Sie rechts liegen und treffen wieder auf die Straße. Hier biegen Sie bergab nach links ab. Es geht entlang des Waldrands weiter. Es gibt leider keine Möglichkeit, direkt hinter der Leitplanke zu laufen, sodass Sie gut auf die entgegenkommenden Autos achten müssen.

➪ Alternativ können Sie statt an der Straße am Feldrand entlanglaufen. Je nach Jahreszeit kann das Gras hier allerdings auch hüfthoch sein.

Am Ende des Waldrands angekommen laufen Sie weiter an der Straße entlang, bis Sie etwa an ihrem tiefsten Punkt wieder an einem Waldrand angekommen sind. Hier gelangen Sie auf einen Fußweg parallel zur Straße und laufen geradeaus, vorbei an einem Rettungspunkt, links in den Wald hinein. Es geht direkt ein kleines Stück ordentlich bergauf. Oben angekommen biegt der Ausoniusweg nach links ab, runter vom Schotterweg.

Es geht ein Stück bergab und Sie treffen unten an eine etwas unscheinbare Wegkreuzung. Hier biegen Sie nach rechts ab, vorbei an einem kleinen Birkenwald. (Wenn Sie auf leisen Sohlen unterwegs sind, haben Sie in diesem Stück Wald gute Chancen, einen Blick auf ein scheues Reh zu erhaschen.) Es geht immer geradeaus, bis Sie direkt vor einem der Windräder stehen (deren Rauschen Sie wahrscheinlich auch schon gehört haben).

Hier biegen Sie wiederum nach rechts ab und befinden sich nach wenigen Metern bereits wieder an einer größeren Kreuzung. Es geht geradeaus weiter, der Weg macht einen Bogen nach links und Sie kommen wieder an eine Straße.

Hier biegen Sie nach links ab, folgen der Straße ca. 60 m und queren sie. Auf der anderen Straßenseite führt der Weg am Waldrand entlang, sodass Sie in der Ferne einen schönen Blick ❸ auf die höchsten Erhebungen des Hunsrücks haben. Am Ende des Waldrands gehen Sie ein Stück weiter geradeaus bis zu einer Straße. Dies überqueren Sie und biegen nach links ab.

Es geht nun ein kleines Stück an der Straße entlang und dann nach rechts auf einen Feldweg. Mitten auf dem Feld erreichen Sie eine kleine Gruppe Bäume, hier geht es nach links etwas bergab.

Sie erreichen nun einen etwas besser ausgebauten Weg und biegen nach rechts ab. Ca. 50 m weiter geht es dann auch direkt wieder nach links einen etwas schmaleren Pfad durch die Büsche bergab. Unten angekommen biegen Sie scharf rechts ab.

Ab hier schlängelt sich der Weg sehr flach und gut ausgebaut an den Bäumen entlang durch ein kleines Bachtal, den Rinkenbach. Sie treffen dann wieder an eine Straße (K52), an der sich eine ⛼ Rastmöglichkeit befindet. Sie überqueren die Straße und gehen weiter eine ganze Weile entlang der Bäume.

Sie treffen dann auf einen Querweg, an dem Sie nach rechts über eine hölzerne Brücke über den Simmerbach abbiegen. Kurz darauf geht es an der nächsten Kreuzung nach links weiter. Hier befindet sich auch eine kleine ⌂ Schutzhütte.

Der Weg führt um ein kleines Naherholungsgebiet mit einem kleinen See (Simmersee) herum und Sie sehen bereits die ersten Häuser der Stadt Simmern.

An einer der Holzbrücken befindet sich eine Markierung mit der gelben Muschel.

Wenn Sie Ihre Übernachtung im Hotel Wirtshaus Domäne gebucht haben, können Sie der Muschel folgen.

Der Ausoniusweg führt hier jedoch weiter geradeaus entlang des Radwegs. Dieser biegt an der nächsten Weggabelung nach links ab und führt unter einer Straße hindurch. Große Menschen müssen in diesem Tunnel evtl. ein wenig den Kopf einziehen.

Wenige Meter hinter dem Tunnel biegt der Weg wieder nach links ab. Er schlängelt sich hier wieder an den Bäumen und Wiesen entlang, bis Sie auf einen geteerten Weg treffen.

Hier biegen Sie nach links ab und der Weg führt über eine kleine Brücke wieder über den Simmerbach. An der nächsten Kreuzung geht es nach rechts weiter entlang des Radweges Richtung Simmern, bis Sie den Ort erreichen. Sie folgen der Straße (Mühlengasse) immer bergab.

Auf der linken Seite sehen Sie schließlich die Rekonstruktion der mittelalterlichen Stadtmauern von Simmern.

Hier könnten Sie bereits abbiegen und über Treppen in die Fußgängerzone gelangen. Der Ausoniusweg trifft kurz hinter der Stadtmauer auf die Hauptstraße und es geht weiter geradeaus entlang des Radweges.

Nach kurzer Zeit biegen Sie nach links in die Markstraße ab, die Sie in die Innenstadt führt. Am Ende der Marktstraße stehen Sie bereits mitten in der Fußgängerzone.

Nach links führt die Marktstraße hinauf zur evangelischen Stephanskirche.

Fast geradeaus entlang der Klostergasse geht es zur katholischen Kirche St. Josef.

☺ Hier steht ein Bücherschrank, an dem Sie sich gerne frei bedienen dürfen.

Ihr Weg führt allerdings an der Kreuzung nach recht weiter auf dem Radweg entlang. Am Ende der Fußgängerzone sind Sie dann am Schlossplatz ❹ angekommen, auf dem Sie eine Pause einlegen können.

Simmern

✆ 067 61, ✉ 55469

- **Touristinformation, Schlossplatz**, ☎ 83 72 99, ✉ tourist-info@sim-rhb.de, 🖳 www.simmern.de, Mo-Fr 10:00-17:00, Sa-So 14:00-17:00, ➲ direkt am Weg
- **Hotel Wirtshaus Domäne**, Am Simmersee 1, ☎ 967 69 21, ✉ info@domaene-am-see.de, 🖳 www.domaene-am-see.de, ÜF EZ € 68, DZ € 98, 🐕 auf Anfrage € 18, Restaurant Mo und Mi-Fr ab 17:00, Sa ab 12:00, So 12:00-18:00, ➲ 300 m (vor dem Stadtzentrum)
- ♦ **Hotel Bergschlößchen**, Nannhausener Straße 4, ☎ 90 00, ✉ info@hotel-bergschloesschen.de, 🖳 www.hotel-bergschloesschen.de, ÜF EZ und DZ: aktuelle Preise auf der Homepage, Restaurant: aktuelle Öffnungszeiten auf der Homepage, ➲ direkt am Weg (hinter dem Stadtzentrum)
- ♦ **Schlossschänke**, Schlossstr. 16, ☎ 40 66, ✉ paris-wolfgang@gmx.de, 🖳 www.schlossschänke-simmern.de, Ü mit Gemeinschaftsbad EZ € 32, DZ € 49, Ü mit eigenem Bad EZ € 37, DZ € 59, Frühstück € 6,50, Restaurant Mo-Do 11:00-14:30 und 17:30-21:30, Fr-So 11:00-14:30, ➲ direkt am Weg (Innenstadt)
- **Gästehaus No.3**, Schulstr. 3, ☎ 96 52 30, ✉ hallo@gaestehausno3.de, 🖳 www.gaestehausno3.de, Ü EZ € 75, DZ € 98, Frühstück € 13 inkl. Brötchen für den Weg, , nach Vereinbarung, 🐕 auf Anfrage, ➲ 200 m (Innenstadt)
- Im Innenstadtbereich befinden sich diverse Schnellrestaurants und Imbisse. Wer gerne eine Restaurantatmosphäre genießen möchte, ist in den Restaurants der beschriebenen Unterkünfte besser aufgehoben.
- Der nächste Supermarkt befindet sich ca. 500 m abseits des Weges, siehe anschließende Wegbeschreibung.
- ⊙ Pilgerstempel in der **Touristinformation im Neuen Schloss** erhältlich
- ♦ ☞ **Hotel Wirtshaus Domäne**
- ☺ Nette Toilette: An einigen Betrieben in der Innenstadt finden Sie einen roten Aufkleber, hier dürfen Sie die Toilette nutzen, ohne sich verpflichtet zu fühlen, etwas zu kaufen.

Richtung Bingen und Kirchberg jeweils Mo-Fr ca. stündlich, Sa-So alle 2 Stunden, www.vrminfo.de, ➲ 350 m, Abfahrt am alten Bahnhof

Taxi Klumb, ☏ 963 33, info@taxi-klumb.de

⌘ **Neues Schloss**. An der Stelle des Neuen Schlosses stand bis zum Pfälzischen Erbfolgekrieg im 17. Jahrhundert bereits eine mittelalterliche Burg. Das Gebäude in der heutigen Form entstand wenige Jahrzehnte später und wurde der Stadt Anfang des 19. Jahrhundert von Kaiser Napoleon geschenkt. Im Neuen Schloss befindet sich heute die Touristeninformation mit Stempelstelle, eine Bücherei, diverse Gemeinderäume sowie das sehenswerte Hunsrück Museum.

♦ Schlossplatz, ➲ direkt am Weg

⌘ **Hunsrück Museum**. Das Museum dokumentiert die Natur- und Kulturgeschichte der Region sowie die Kunstsammlung von Friedrich Karl Ströhers, einem berühmten Maler Ende des 19. Jahrhunderts. Hinzu kommen wechselnde Ausstellungen zu weiteren regionalen Themen.

Im Hunsrück Museum

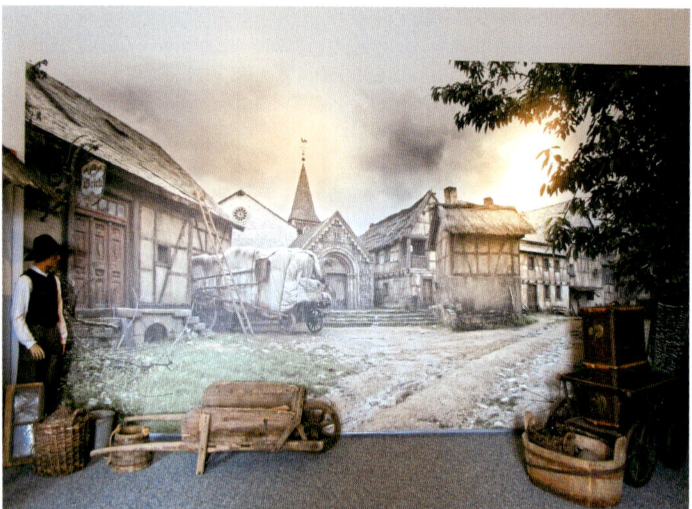

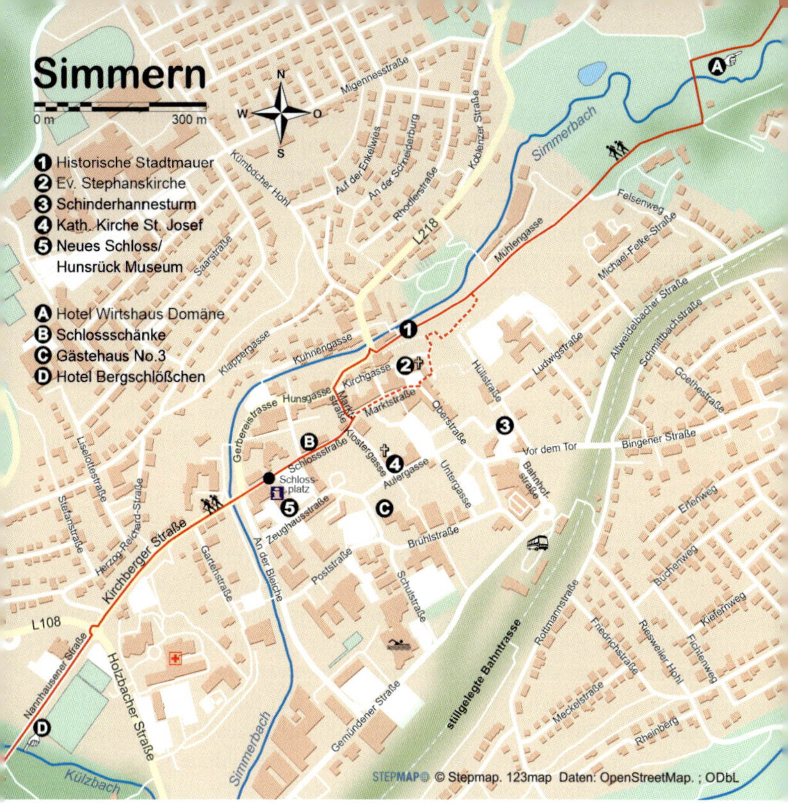

♦ Schlossplatz, ☎ 70 09, ✉ info@hunsrueck-museum.de, 🖳 www.hunsrueck-museum.de, 🚪 März-Dez Di-Fr 10:00-13:00 und 14:00-17:00, Sa-So 14:00-17:00, Jan und Feb sowie an einigen Feiertagen geschlossen, Erwachsene € 2, Kinder € 1, ➲ direkt am Weg

⌘ **Schinderhannesturm**. Im Laufe der Jahrhunderte diente der Turm als Pulvermagazin und Gefängnisraum. Vom berühmtesten Räuber des Hunsrücks hat der Turm heute seinen Namen. Der Turm ist Teil des Hunsrück Museums.

♦ 🚪 März-Okt Di-So 10:00-17:00, Nov-Feb nur bis 16:00, Eintritt frei, ➲ 350 m (hinter der Kirche St. Josef links, dann rechts abbiegen, dann sehen Sie den Turm bald auf der linken Seite)

✞ **Ev. Stephanskirche**. Weithin sichtbar liegt die Stephanskirche im Herzen der Fußgängerzone. Erbaut auf den Grundmauern einer romanischen Wehrkirche begann im 15. Jahrhundert der Ausbau zu einer stattlichen spätgotischen Kirche. Regionale Künstler schafften für die pfälzische Adelsfamilie der Simmerner Herzöge Grabdenkmäler in Form wertvoller Bildhauerarbeiten. Diese befinden sich in der Anna-Kapelle.

♦ Römerberg 2, ungewiss, ➲ 100 m

✞ **Kath. Kirche St. Josef**. Erbaut wurde die Kirche Mitte des 18. Jahrhunderts auf Wunsch des damaligen Kurfürsten der Pfalz. Das Deckengemälde des Mannheimer Hofmalers macht die Kirche besonders sehenswert. Der Name der Kirche spiegelt wider, dass der heilige Josef auf dem Hunsrück viele Jahre sehr verehrt wurde.

♦ Klostergasse 3, ungewiss, ➲ 100 m

Simmern ist Kreisstadt des Rhein-Hunsrück-Kreises, in dem Sie sich seit Dichtelbach befinden. Erste Siedlerinnen und Siedler waren wahrscheinlich schon zu keltischen und römischen Zeiten im Stadtgebiet ansässig. Erstmals erwähnt wurde die Stadt um das 11. Jahrhundert. Im 14. Jahrhundert wurde Simmern die Stadtrechte verliehen, was schließlich erheblich zur Entwicklung der Siedlung zu einer florierenden Handelsstadt beitrug. Begünstigt wurde eine positive Stadtentwicklung sicherlich auch durch die lange Regentschaft einer pfälzischen Nebenlinie des Adelshauses der Wittelsbacher.

Ein Relikt dieser Regentschaft findet sich heute noch in Form des Löwen auf dem Wappen der Stadt. Im Pfälzischen Erbfolgekrieg im 17. Jahrhundert wurde die Stadt fast vollständig zerstört. Lediglich ein paar Reste der Stadtmauer sowie die Stephanskirche und der Pulverturm (Schinderhannesturm) blieben erhalten. Genau wie viele Bereiche des Hunsrücks fiel auch Simmern in den folgenden Jahrhunderten für viele Jahre unter französische Herrschaft. Heutzutage ist die Kreisstadt das Kultur-, Freizeit- und Infrastrukturzentrum des Hunsrücks.

Wer etwas Zeit in Simmern verbringen möchte, kann die Stadt auf dem „Kulturhistorischen Stadtrundweg“ erkunden. Er beginnt am Schlossplatz und informiert an verschiedenen Stationen über wichtige historische Gebäude der Stadt.

Der Schinderhannes

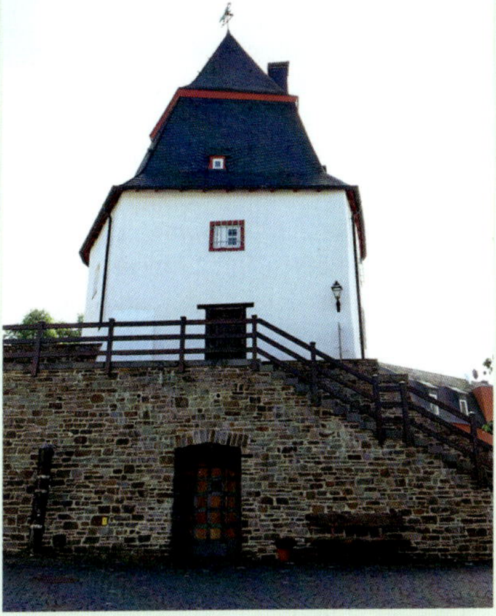

Schinderhannesturm

Einer der wohl berühmtesten Räuber des Hunsrücks ist der Ende des 18. Jahrhunderts geborene Johannes Bückler. Seinen Spitznamen „Schinderhannes“ erhielt er aufgrund seines erlernten Berufs des Schinders (= Abdecker, zuständig für die Entsorgung verendeter Tiere und ein wenig angesehener Beruf). Bereits in jungen Jahren begann seine kriminelle Karriere mit kleinen Diebstählen. Die Zeiten waren geprägt von starker Armut, sodass Diebstahl allgegenwärtig und nicht ungewöhnlich war. Johannes Bückler war immer wieder Teil verschiedener Räuberbanden, die im gesamten Hunsrück ihr Unwesen trieben. Insgesamt konnten dem Schinderhannes über 200 Straftaten nachgewiesen werden, darunter auch Morde. Er wurde mehrfach inhaftiert und ihm gelang ebenso oft die Flucht, unter anderem auch aus dem Gefängnisturm in Simmern (☞ Schinderhannesturm). Gemeinsam mit Juliane Blasius hatte er zwei Kinder. Sie zog mit ihm, teilweise als Mann verkleidet, durch die Lande. In einigen Legenden wird der Schinderhannes als Robin Hood des Hunsrücks bezeichnet. Es ist historisch jedoch eher unwahrscheinlich, dass seine Diebstähle dem Wohl der armen Bevölkerung dienten, sondern eher der eigenen Bereicherung. Letztendlich wurde Johanns Bückler gefasst und 1803 in Mainz hingerichtet.

Der Ausoniusweg führt geradeaus am Schlossplatz vorbei, die Wegmarkierung befindet sich auf der gegenüberliegenden Straßenseite. Sie erreichen unmittelbar eine Straßenkreuzung (↰ 🛒 zum Supermarkt links abbiegen) und gehen geradeaus über die Straße und weiter, bis Sie an einen Kreisel gelangen.

Auch hier geht es wieder geradeaus über den Kreisel weiter an der Straße entlang.

Bevor die Straße eine Kurve nach rechts macht, wechseln Sie am besten bereits von der rechten auf die linke Straßenseite. In der Kurve biegt der Weg von der Hauptverkehrsstraße ab und führt über den Parkplatz des Hotels Bergschlößchen. Sie folgen dem Weg weiter, bis Sie auf die stillgelegte Bahntrasse treffen.

Kurz dahinter gabelt sich der Weg. Sie nehmen die linke Abzweigung und gelangen durch eine Unterführung unter der Bundesstraße hindurch.

Unmittelbar hinter der Unterführung geht es nach links, runter von dem gut ausgebauten Weg hinein ins Grüne. Sie folgen der Wegführung entlang der Wiesen, bis Sie die ersten Häuser des Dorfes Ohlweiler ❺ erreichen.

Es geht hinein in den Ort und geradeaus über die Hauptstraße. Kurz dahinter gabelt sich die Straße und Sie gehen links. Am Feldrand angekommen gehen Sie dann gleich wieder nach rechts. Es geht vorbei an einem größeren Logistikbetrieb immer geradeaus über die Felder.

Mitten am Wegesrand findet sich eine Bank zum Ausruhen sowie eines der Holzschilder, die ebenfalls den Ausoniusweg kennzeichnen. Es geht weiter geradeaus über einen etwas breiteren Feldweg hinüber. Der Weg führt hier nach links um diverse eingezäunte Wiesen herum. Wenn Sie nach kurzer Zeit linker Hand Fischweiher sehen, sind Sie auf der richtigen Route.

Sie passieren einen Stall bzw. Unterstand und biegen schräg links ab. Der Weg quert einen kleinen Bach und Sie stehen bereits wieder an den Feldern. Hier geht es nach links und unmittelbar hinter dem ersten Feld wieder nach rechts.

➩ Wenn Sie den Abzweig verpasst und geradeaus bis zum Waldrand gelaufen sind, biegen Sie einfach dort nach rechts ab. Im Ort Schönborn, den Sie schon sehen, treffen sich die Wege wieder.

Weiter geht es geradeaus entlang der Felder bis zu großen Hallen mit schwerem landwirtschaftlichem Gerät, wo Sie nach links abbiegen. An der nächsten Kreuzung biegen Sie nach rechts ab (hier kommt auch der Weg an, wenn Sie vorher aus Versehen bis zum Waldrand gelaufen sind). An dieser Stelle befindet sich eine schattige Rastmöglichkeit auf einer kleinen Wiese.

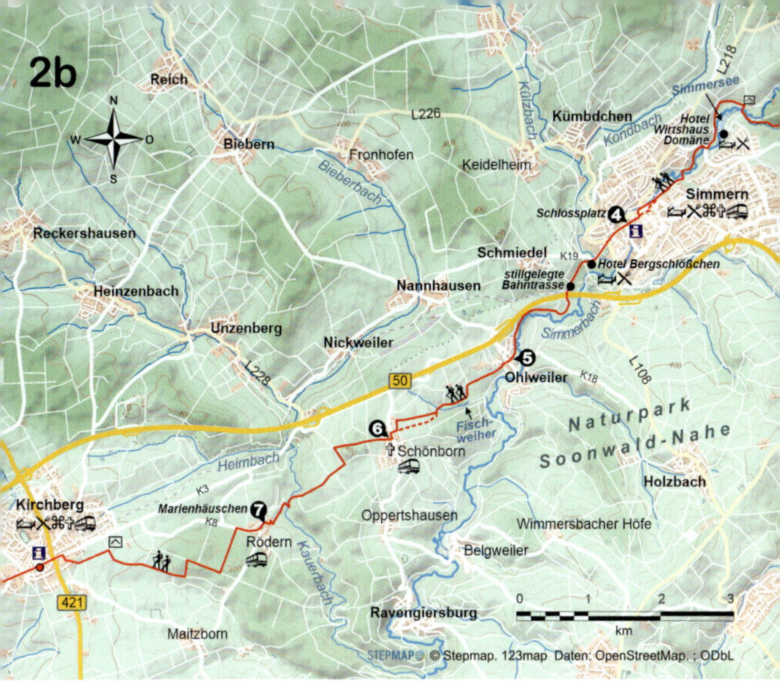

Sie haben das Dorf Schönborn erreicht (Mo-Fr ca. alle 1-2 Stunden Richtung Simmern). An der Hauptstraße führt der Weg nach links und Sie sehen bereits die tolle evangelische Kirche mit ihrer einzigartigen Backsteinfassade.

Der Weg führt nicht direkt an der Kirche vorbei, sondern biegt vorher nach rechts in die Waldstraße ❻. Der Straße folgen Sie aus der Ortschaft hinaus und geradewegs auf den Wald zu.

Am Waldrand befindet sich eine gemütliche Bank zum Ausruhen mit einem tollen Blick auf ein typisches „Hunsrücker" Panorama. Sie gehen geradeaus in den Wald hinein, queren eine Wiese und gelangen wieder in den Wald. Am Ende des Waldstücks biegen Sie nach links ab und gehen am Waldrand entlang weiter. Von hier haben Sie bereits einen ersten guten Blick auf die Hunsrück-Stadt Kirchberg.

Am Ende des Waldrandes angekommen biegt der Ausoniusweg nach rechts ab. Sie folgen dem Weg weiter, bis er wieder an ein kleines Waldstück stößt. Hier gehen Sie geradeaus weiter.

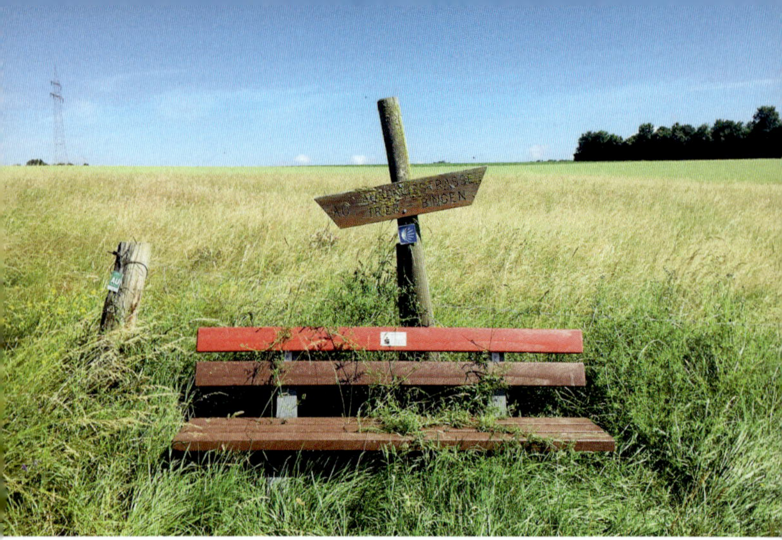

Auf den Feldern zwischen Simmern und Kirchberg

Der Ausoniusweg biegt nach ca. 200 m etwas unscheinbar hinein in den Wald.

Der Pfad ist nun eher schmal und von Wurzeln durchzogen und führt stetig etwas bergab. Am Ende des schmalen Pfades angekommen biegt der Weg nach rechts ab über einen kleinen Bach (Kauerbach) und läuft geradewegs auf eine alte Mühle zu. Vor der Mühle geht es nach links, dem Schild „Wassertretstelle Rödern“ folgend.

Auf den ersten Blick ist der Weg an dieser Stelle etwas unscheinbar, Sie sind aber richtig. Nach kurzer Zeit erreichen Sie auch bereits die Wassertretstelle, die von einer Quelle gespeist wird, die hier aus dem Fels austritt. Hier haben Sie auch wieder eine gute Rastmöglichkeit im Schatten.

Weiter geht es geradeaus bis zu einem geteerten Weg. Hier biegen Sie nach rechts ab und erreichen die ersten Häuser der nächsten Ortschaft, Rödern (Mo-Fr ca. stündlich, Sa-So alle 2 Stunden Richtung Kirchberg und Simmern).

Die Lötscher Straße schlängelt sich nun in den Ort hinein, vorbei an einem kleinen Marien-Heiligenhäuschen ❼ auf der linken Straßenseite. Schließlich gabelt sich die Straße und Sie nehmen den rechten Abzweig, der Sie auf die Hauptverkehrsstraße führt.

Weiter geht es nach rechts vorbei am Feuerwehrhaus, Bolzplatz und der Bushaltestelle, Richtung Ortsausgang.

Es geht ein kleines Stück entlang der Landstraße. Wenn Sie nicht direkt an der Straße laufen möchten, können Sie auch entlang eines kleinen Trampelpfads jenseits des Straßengrabens laufen. Der Ausoniusweg biegt dann links in den Wald hinein. An einem der Bäume ist ein Schild angebracht, welches Ihnen mitteilt, dass Sie Santiago de Compostela in 2.036 km erreichen werden.

Der Weg in den Wald hinein ist gleichzeitig ein Radweg und entsprechend gut ausgebaut. Er wird nach ca. 600 m von einem anderen Weg gekreuzt. Sie biegen nach rechts ab. Der Ausoniusweg verläuft hier parallel zu einigen anderen Wegen, unter anderem dem Sponheimer Weg (weißes S auf grünem Grund). Dieser wird Sie auf den nächsten Kilometern weiter begleiten.

Alle Wege biegen dann schließlich gemeinsam wieder nach links ab und führen aus dem Wald heraus an die Felder. Hier biegen Sie wieder rechts ab und folgen dem Weg immer weiter geradeaus. Am Wegrand kommen Sie auch an einer Infotafel zum Ausoniusweg mit zwei möglichen Abstechern nach Dill und Laufersweiler vorbei. Beide Orte liegen erst hinter Kirchberg. Auf diesem Stück haben Sie einen guten Blick auf Kirchberg mit seinem gelben Wasserturm und dem Kirchturm im Herzen des kleinen Städtchens.

An der ⌂ Schutzhütte biegen Sie nach links ab und folgen an der nächsten Weggabelung rechts der Beschilderung Richtung Stadtmitte. Nach wenigen Metern sind Sie dann auch schon an den ersten Häusern angekommen und biegen an der Simmerner Straße nach links ab.

Es geht geradeaus weiter und Sie sehen, noch bevor Sie die nächste Kreuzung erreichen, bereits die ersten historischen Fachwerkhäuser des Stadtkerns. Gehen Sie geradeaus über die Straßenkreuzung hinüber. Der historische Marktplatz lädt zum Verweilen und Ausruhen ein.

Weg durch Kirchberg

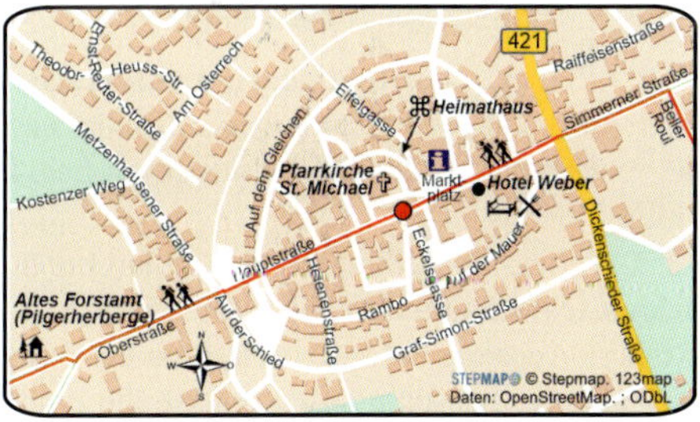

Kirchberg im Hunsrück

067 63, 55481

Tourist-Information, Marktplatz 5, 91 01 41, touristik@kirchberg-hunsrueck.de, www.stadtkircherg.de, Mo-Mi 8:30-12:00 und 14:00-16:00, Do 8:30-18:00, Fr 8:30-13:00, direkt am Weg

Hotel Weber, Hauptstr. 15, 37 05, info@hotel-weber-kirchberg.de, www.hotel-weber-kirchberg.de, ÜF EZ € 40, DZ € 66, HP möglich, € 5, auf Anfrage, Restaurant Mo ab 17:00, Di-So ab 11:00, direkt am Weg (am historischen Marktplatz)

Altes Forstamt (Pilgerherberge), Oberstr. 22a, 01 57/39 35 77 76, mail@wanderherberge-hunsrueck.de, www.wanderherberge-hunsrueck.de, Ü MBZ € 10 + Bettwäsche € 3, Frühstück € 4, Mo-Fr 9:00-17:00, Sa-So 12:00-17:00, direkt am Weg (hinter dem Ortszentrum)

Rund um den Marktplatz finden Sie diverse Schnellimbisse, ein asiatisches Schnellrestaurant, eine Pizzeria und eine tolle Eisdiele. An der Kreuzung vor dem Marktplatz können Sie rechts und links abbiegen und erreichen dort jeweils noch ein weiteres Restaurant. Sie finden bestimmt etwas Passendes.

An der Kreuzung vor dem Marktplatz biegen Sie mit Blick auf den Markplatz rechts ab, Sie erreichen dann diverse Supermärkte, ca. 600 m.

Tourist-Information

♦ Pfarrkirche St. Michael

♦ Altes Forstamt

nach Simmern jeweils Mo-Fr ca. stündlich, Sa-So alle 2 Stunden, www.vrminfo.de

⌘ **Heimathaus**, kleines Heimatmuseum zur Stadtgeschichte Kirchbergs

♦ Eifelgasse/Schülergasse, 629 04 92, heimathaus@stadtkirchberg.de, April-Okt Mi und So 14:00-16:00, Nov-März nur Mi geöffnet, direkt am Weg

✞ **Pfarrkirche St. Michael**, wahrscheinlich die älteste Pfarrkirche des Hunsrücks mit einem wertvollen Hochaltar aus Eichenholz

♦ Kirchplatz, 9:00-17:00, Seiteneingang nutzen, direkt am Weg

Kirchberg ist die älteste Stadt im Hunsrück und besitzt seit knapp 800 Jahren seine Stadtrechte. Gesiedelt wurde hier jedoch schon zu Zeiten des Römers Ausonius. Mitten im Herzen des heutigen Stadtzentrums befand sich eine Straßenstation der Römerstraße zwischen Mainz und Trier.

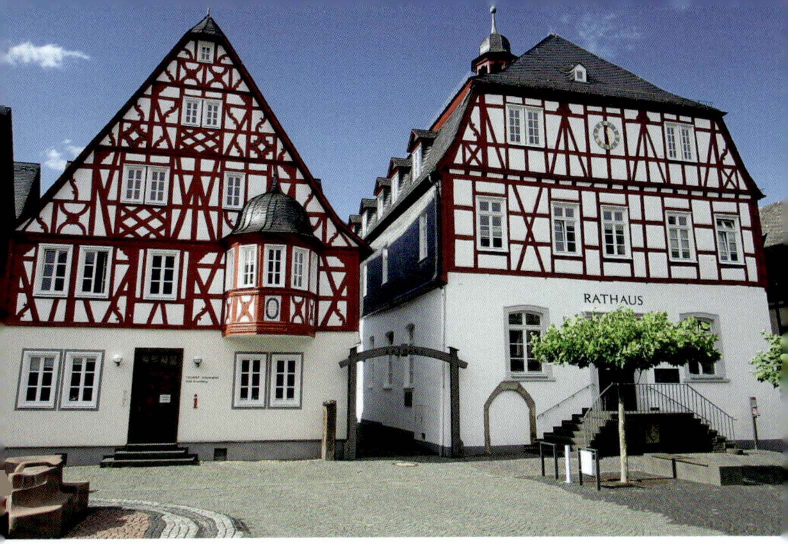

Historischer Marktplatz in Kirchberg

Der mittelalterliche Marktplatz mit seinen historischen Fachwerkhäusern ist besonders sehenswert und liegt unmittelbar am Weg. Der Wasserturm, eines der Wahrzeichen der Stadt, diente ab 1900 ca. 75 Jahre der Wasserversorgung und ist von weither gut sichtbar.

Zu den berühmten Persönlichkeiten der Stadt zählt der Erfinder der Urform des heutigen Fahrrads, Freiherr Karl Drais. Er lebte einige Jahre in seiner Kindheit im beschaulichen Kirchberg und wurde Zeit seines Lebens für seine Erfindungen unterschätzt sowie verspottet. Er erfand viele Jahre später auch die noch heute für Freizeitaktivitäten auf stillgelegten Bahnlinien genutzte und nach ihm benannte Draisine.

Die Einkaufsmöglichkeiten hinter Kirchberg halten sich stark in Grenzen. Es gibt vereinzelte Möglichkeiten (z. B. Hofladen oder Metzgerei) abseits des Weges, deren Angebote jedoch z. T. sehr beschränkt sind. Es ist empfehlenswert, sich in Kirchberg mit dem Nötigsten einzudecken. In Gräfendhron können Sie sich im Landhaus versorgen, in Fell befinden sich wieder ein Bäcker und ein Metzger direkt am Weg. Der nächste Supermarkt ist dann erst wieder in Trier. Ihre Trinkwasserversorgung können Sie über die Unterkünfte sicherstellen. Leitungswasser in Deutschland hat immer Trinkwasserqualität und kann bedenkenlos abgefüllt werden.

3. Etappe: Kirchberg – Morbach-Gonzerath

24,9 km, 6 Std. 40 Min., ↑ 441 m, ↓ 359 m, ⇧ 342-598 m

0,0 km	⇧ 435 m	Kirchberg
2,1 km	⇧ 391 m	Landhotel Karrenberg
5,4 km	⇧ 364 m	Abzweig Sohren (2,5 km)
9,6 km	⇧ 407 m	Abzweig Laufersweiler (2 km)
14,8 km	⇧ 467 m	Horbruch
16,9 km	⇧ 509 m	Hochscheid
21,6 km	⇧ 559 m	Abzweig Wederath (0,9 km) bzw. Hinzerath (1,4 km)
24,9 km	⇧ 539 m	Abzweig Morbach-Gonzerath (1,2 km) und Morbach (ca. 5 km)

Ab Kirchberg führt der Weg über die Höhen des Hunsrücks mit wenigen steilen Auf- und Abstiegen. Zudem ist die Wegführung auf einigen Abschnitten wie mit dem Lineal gezogen. Ihnen begegnet immer mal wieder die stillgelegte Bahnlinie des Hunsrücks. Auch auf dieser Etappe wirken die Dörfchen oft verschlafen, verfügen aber doch auch über das ein oder andere Gasthaus. Kurz bevor das Tagesziel erreicht wird, passieren Sie die größte Ausgrabungsstelle des Hunsrücks mit angeschlossenem Museum. Rund um Morbach gibt es etwas abseits des Weges in den Ortschaften mehrere Übernachtungsmöglichkeiten.

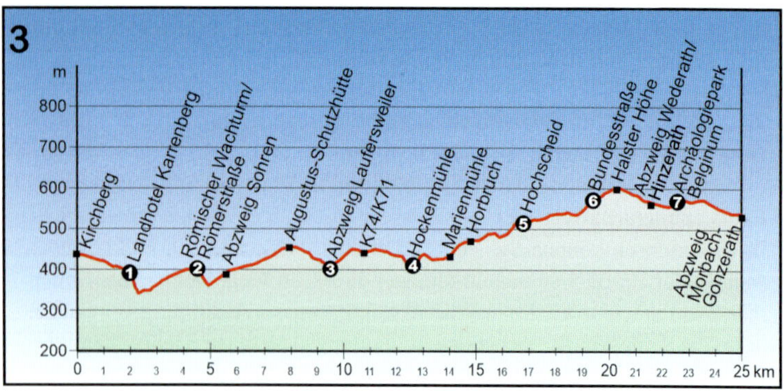

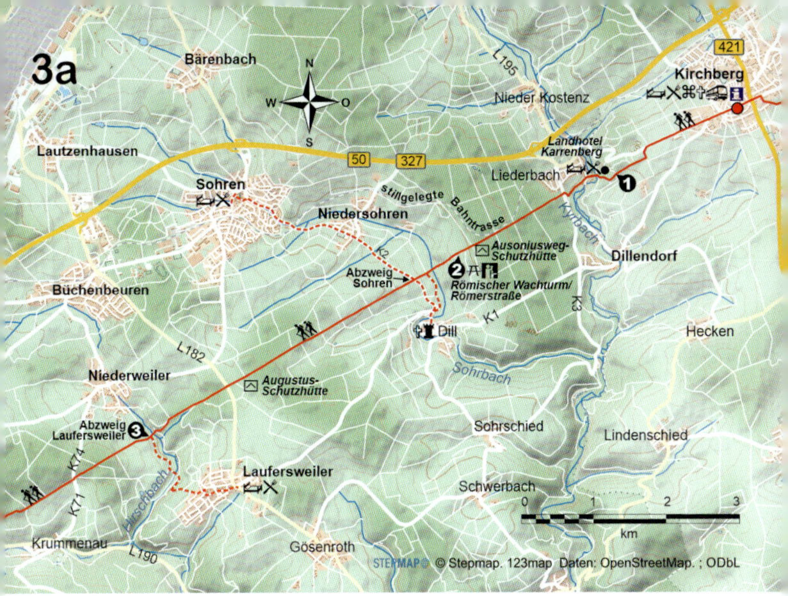

☺ Der Wegabschnitt zwischen Kirchberg und Morbach führt fast ausschließlich geradeaus, wie mit einem Lineal gezogen. Falls Sie also keine Wegmarkierung finden, schlagen Sie im Zweifel immer den Weg geradeaus ein.

Sie lassen den Marktplatz von Kirchberg rechts liegen und folgen der Straße weiter geradeaus. Sie ist gesäumt von kleinen Geschäften und Ateliers. Sie erreichen dann einen kleinen Platz und sehen links den gelben Wasserturm, den Sie bereits auf dem Weg nach Kirchberg hinein erblicken konnten. Auf dem Platz startet auch ein historischer Stadtrundweg, dem Sie verschiedenen Stationen rings um die Innenstadt folgen können.

Der Ausoniusweg führt jedoch weiter geradeaus, über die nächste Straßenkreuzung hinweg. Die Straße gabelt sich dann und Sie gehen geradeaus Richtung Ortsausgang weiter, runter von der Vorfahrtsstraße.

Es geht nach dem Ortsausgang wieder ein Stück an der Landstraße entlang. Bis zum Wirtschaftsbetrieb ist ein Fußgängerweg gut ausgebaut. Anschließend müssen Sie noch weiter entlang der Landstraße laufen. Neben der Straße ist genug Platz, sodass man trotz z. T. hoher Geschwindigkeit der Autos sicher unterwegs ist.

Nach kurzer Zeit biegt der Weg links ab, runter von der Straße. Hinter den Bäumen biegen Sie nach rechts ab und laufen entlang der Grenze zwischen Bäumen und Feldern. Von hier aus sehen Sie in der Ferne geradeaus vor sich bereits auch den Idarkopf, zwar kleiner, aber wesentlich markanter als die höchste Erhebung des Hunsrücks, der Erbeskopf.

Der Erbeskopf

Mit stolzen 816 m ist er nicht nur die höchste Erhebung des Hunsrücks, sondern auch in ganz Rheinland-Pfalz. Der Erbeskopf liegt ganz im Norden des Nationalparks Hunsrück-Hochwald, den Sie auf Ihrer Wanderung nur streifen und nicht durchqueren werden. Bei gutem Wetter reicht die Aussicht vom Gipfel Richtung Norden bis weit in die Eifel. Rund um den Erbeskopf hat sich in den vergangenen Jahrzehnten ein naturnahes Freizeit- und Bildungsangebot für Touristen und Einheimische entwickelt.

An der nächsten Wegkreuzung können Sie nach rechts abbiegen und den Schildern des Restaurants und Hotels Karrenberg ❶ folgen, wenn Sie zu einer größeren Rast oder zum Übernachten hier einkehren möchten.

Landhotel Karrenberg, Straßheck 3, ☎ 930 80, info@landhotel-karrenberg.de, www.landhotel-karrenberg.de, ÜF EZ € 65, DZ € 99, 8, auf Anfrage, Restaurant Mo-Sa 17:00-22:30, So und Feiertag 11:30-21:30, 150 m

Der Weg geht an der Kreuzung geradeaus weiter. Hier befindet sich eine Rastmöglichkeit, von der aus Sie auch das Landhotel Karrenberg sehen können. Der Pfad führt Sie weiter durch den Wald bergab. Sie sehen rechts und links am Weg Steinreihen. Diese dienten den Römerinnen und Römern als Wegführung für ihre Wagen und sind noch im Original erhalten.

Unten angekommen geht es nach links über den kleinen Kyrbach und Sie sehen bereits die nächste Ortschaft, in die es hineingeht. Der Weg führt geradeaus über eine Kreuzung auch schon wieder raus aus dem Ort. Man passiert nur ein paar wenige Häuser und geht unterhalb des Dorfes an den Wiesen entlang weiter.

Vor der Landstraße gabelt sich der Weg. Sie nehmen den rechten Abzweig und erreichen eine kleine Treppe, die Sie nach oben an die Landstraße führt. Der Weg führt über die Straße hinein in den Wald.

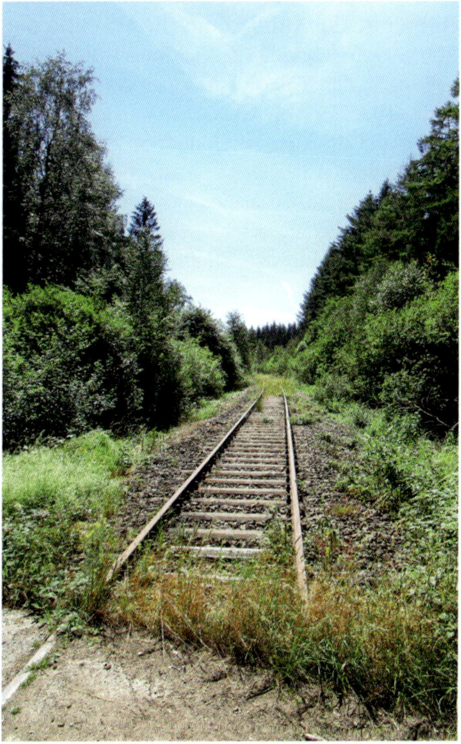

Stillgelegte Bahntrasse

Weiter geht es schnurgerade durch den Wald. Wenn Sie an den großen Querwegen nach rechts schauen, kann es sein, dass Sie noch Spuren der alten, stillgelegten Bahntrasse sehen, die einst über den Hunsrück führte. Am Ende des Waldes befindet sich die Ausoniusweg-Schutzhütte auf der linken Seite des Weges.

Sie sehen vom Waldrand aus bereits eine Reihe Bäume auf den Feldern. Hier können Sie sich entscheiden, ob Sie die nächsten 500 m weiter auf dem gut befestigten Weg laufen oder parallel dazu auf den Spuren der Römerinnen und Römern wandeln möchten. Beide Wegführung finden automatisch wieder zusammen.

Zwischen den Bäumen hindurch führt ein teilweise nachgebautes Stück der alten Römerstraße. Man bekommt ein Gefühl dafür, wie holprig eine Reise vor 2.000 Jahren gewesen sein muss. Die beiden Wege kreuzen sich auch immer mal wieder, sodass man je nach Bedarf den Weg wechseln kann. Am Wegesrand steht ein 1985 rekonstruierter römischer Wachturm ❷. Dieser ist offen zugänglich und Sie haben von oben einen schönen Blick auf den Hunsrück. Neben dem Turm befindet sich auch eine Rastmöglichkeit.

Römerstraßen und römische Wachtürme

Römerstraßen wurden in der Regel auf Hochflächen und Höhenzügen gebaut. In den Tälern war der Boden oft nass oder gar sumpfig und es bestand Gefahr von Überschwemmung. Die römischen Straßen stellten immer die direkten Verbindungen zwischen den wichtigsten Orten und Knotenpunkten des Reiches dar. Sie waren oft sehr breit gebaut, sodass zwei Fuhrwerke gut aneinander vorbeifahren konnten. Konstruiert waren die Straßen aus mehreren Gesteinsschichten unterschiedlicher Größe. Am Rande der wichtigsten Straßenverbindungen wurden sogar Meilensteine errichtet, die den Reisenden Orientierung über ihre bereits zurückgelegte Strecke gaben. An den Straßen befanden sich oft auch kleinere Ortschaften, in denen reger Handel getrieben wurde. Zudem errichteten die Römer in regelmäßigen Abstände Pferde-Wechselstellen. So war es z. B. Boten möglich, ihre Kunde ohne längere Unterbrechung an den Bestimmungsort zu überbringen.

Die Römer sicherten ihre Straßen in regelmäßigen Abständen mit Wachtürmen ab. Diese waren, vor allem in den Grenzbereichen, immer in Sichtweite zueinander aufgestellt. Im Falle eines Alarms konnte im Obergeschoss eine Fackel entzündet werden, die als Warnsignal für den nächsten Wachturm diente.

Heutzutage verlaufen viele moderne Straßen auf den vor über 2.000 Jahren angelegten römischen Straßen. Die Wegführung wählten die Römer immer möglichst geradlinig. Das können Sie auf dem Ausoniusweg auf einigen Teilstücken gut nachempfinden, denn sie ziehen sich manchmal gefühlte Ewigkeiten geradeaus bis zum Horizont.

Kurz hinter der alten Römerstraße befinden sich am Wegrand mehrere Informationstafeln zur Ortschaft Dill.

↳ Wenn Sie hier nach links abbiegen, können Sie einen Abstecher in das Dorf **Dill** unternehmen (➲ 1,1 km). Alternativ folgen Sie der Landstraße nach Dill, auf die Sie ein paar Meter weiter treffen. Sehenswert sind die historischen Fachwerkhäuser, die Burgruine der Grafen von Sponheim sowie die kleine barocke Kirche. Die Grafschaft der Sponheimer im Herzen des Hunsrücks war klein und zersplittert. Auch sie fiel der Herrschaft der Franzosen zu Beginn des 19. Jahrhunderts zum Opfer.

Nach Sohren biegen Sie am besten an der Landstraße nach rechts ab (➲ 2,5 km).

Sohren

✆ 065 43, 55487

Hotel zum Felsenkeller, Hauptstr. 29, ☎ 22 60, m.klein@hotel-zum-felsenkeller.de, www.hotel-zum-felsenkeller.de, Ü EZ ab € 45, DZ ab € 70, Frühstück € 7,50, auf Anfrage, Restaurant Fr-Sa 17:30-20:30 und So 11:30-13:30, ➲ 2,5 km

Der Ort verfügt über einige Einkehrmöglichkeiten.

Sohren gehört zu den größeren Orten und befindet sich in der Nähe des Flughafens Hahn. Wenn Sie abends Ihre müden Beine und Füße aktivieren möchten, nutzen Sie die Kneipp-Anlage.

Der Ausoniusweg quert die Landstraße und führt ein gutes Stück weiter geradeaus über die Felder, weiter parallel zum Sponheimer Weg, der Sie bereits schon vor Kirchberg begleitet hat.

Sie kommen dann wieder an ein Waldstück. Der Weg führt weiter geradeaus, teilweise durch den Wald hindurch und teilweise am Waldrand entlang. Am Ende dieses Waldstücks befindet sich auf der linken Seite die Augustus-Schutzhütte.

Weiter geht es geradeaus, ein kurzes Stück übers Feld und dann über die Landstraße hinweg wieder in den Wald hinein. Hier folgen Sie der Wegführung und treffen an manchen Stellen wieder auf Überreste der alten Römerstraße. Sie erreichen im Wald einen kleinen Bachlauf, den Sie überqueren und dann folgen.

Wenn Sie wieder auf Felder treffen, führt der Ausoniusweg nach ca. 20 m direkt wieder nach links hinab in den Wald, auch hier weiter parallel zu anderen Weitwanderwegen. Der Weg ist hier stellenweise wieder recht schmal, teilweise verwurzelt und führt weiter bergab. Unten angekommen geht es raus aus dem Wald (hier zweigt der Weg ab Richtung Laufersweiler ❸) und geradeaus über die kleine Brücke weiter.

Sie können direkt am Waldrand links Richtung Laufersweiler (➲ 2 km) abbiegen oder noch ein kleines Stück weiter über die kleine Brücke laufen und an der nächsten Wegkreuzung nach links abbiegen.

Laufersweiler

065 43, 55487

Hotel Schatulle, Provinzialstr. 6, 98 03 19, info@hotel-schatulle.de, www.hotel-schatulle.de, ÜF EZ € 70, DZ € 100, € 10, auf Anfrage, Do-Di, Restaurant Do-Di 17:00-22:00, So und Feiertag 11:00-14:00 und 17:00-21:00, 2 km

Hofladen, Unterdorf 1, Selbstbedienung und Bezahlung auf Vertrauensbasis, 7:00-21:00, 2 km

Laufersweiler ist ein kleines typisches Hunsrückdorf, das sehr engagiert ist, an die ehemalige jüdische Gemeinde zu erinnern. Die ehemalige Synagoge ist als Gebäude erhalten. Sie beherbergt den Förderkreis Synagoge-Laufersweiler e. V., der sich für die Erforschung und Erinnerung jüdischen Lebens im Hunsrück einsetzt.

www.synagoge-laufersweiler.de

☺ Via molarum – Traumschleife und Premium-Wanderweg

Rund um die vielen Mühlen des Idarbachs wurde 2021 der knapp 16 km lange Premiumweg Via molarum angelegt. Er führt vorbei an vielen historischen Mühlen, die einst am Idarbach in Betrieb waren. Auch der Ausonuisweg führt an ein paar der alten Mühlengebäude vorbei. Wenn Sie also Lust haben, einen Tag länger im Hunsrück zu wandern, ist diese Traumschleife sehr empfehlenswert.

www.saar-hunsrueck-steig.de

An der Abzweigung nach Laufersweiler (links) und Niederweiler (rechts) steht auch wieder ein Holzschild mit der Aufschrift „Ausoniusstraße“. Der Weg führt wieder mit leichtem Anstieg hinauf auf ein weiteres Waldstück zu. Nach ein paar Metern im Wald weist rechts, ca. 3 m vom Weg entfernt, eine Informationstafel drauf hin, dass sich an dieser Stelle ein altes römisches Grab befindet.

Es geht weiter geradeaus auf dem Weg. Ab der nächsten Kreuzung läuft man immer mal wieder parallel zur Wander-Traumschleife Via molarum. Wenn Sie den Wald verlassen, queren Sie die Straße und gehen weiter geradeaus durch die Felder. Sie haben einen wunderschönen Blick auf den Idarkopf, den Sie bereits auf vorherigen Etappen von Weitem bewundern konnten. Weiter geht es wieder am Waldrand entlang bis zu einer Schutzhütte.

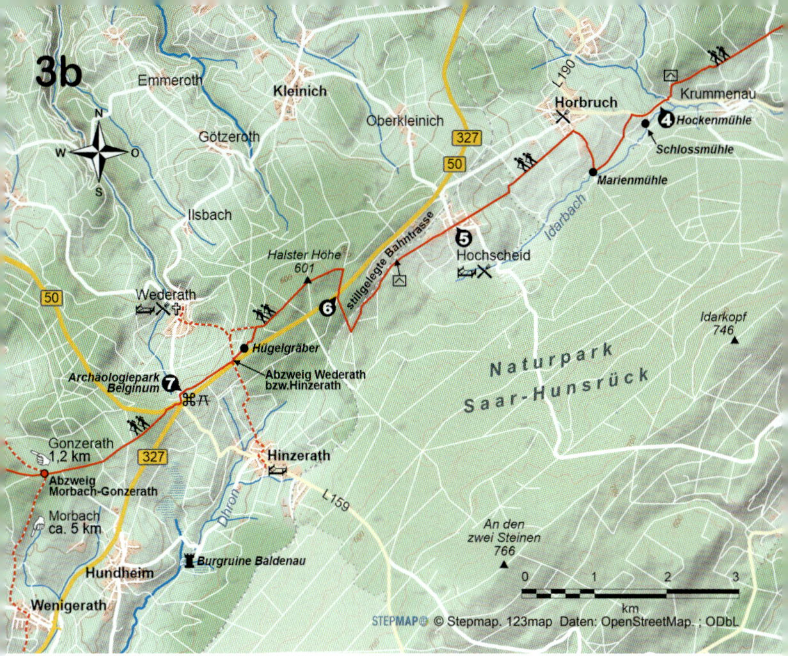

Sie gelangen kurz dahinter auf einen geteerten Weg und biegen nach links unten ab. Der Weg endet an der Landstraße. Hier biegen Sie rechts ab und wechseln am besten direkt die Straßenseite. Es geht vorbei an der Hockenmühle ❹ und der Historischen Schlossmühle/Bergmühle (nicht direkt von der Straße zu sehen, aber einen kleinen Abstecher wert. Zur Schlossmühle folgen Sie der Beschilderung an der Straße die kurze Zufahrt bergab.)

Hinter den beiden Mühlen geht es noch ein kleines Stück an der Straße entlang bergauf, bevor der Weg links wieder in die Felder abbiegt. Hier informiert ein Schild, dass Sie sich 450 m über NN befinden. Es geht geradeaus über die Felder, bis Sie auf die Marienmühle stoßen.

Hier biegt der Weg nach rechts ab und führt bergauf. Auf der linken Seite finden Sie schließlich ein kleines, etwas unscheinbares Schild, welches Sie auf eine Rastmöglichkeit mit einem schönen Blick auf den Hunsrück hinweist. Es geht weiter bergauf bis an den Rand des Dorfes Horbruch.

Horbruch

✗ ✆ 065 43, ✉ 55483

✗ **Landgasthof Scherers**, Oberdorf 2, ☎ 500 54 80, post@scherers-landgasthof.de, Mi-Sa 17:00-22:00, So und Feiertag 11:00-15:00 und 17:00-22:00, ➲ 250 m (geradeaus in den Ort laufen)

Sie biegen vor dem Ort links ab und laufen weiter geradeaus über die Felder, entlang des Hunsrückradweges Richtung Morbach ⩲. Bevor Sie das nächste Dorf namens Hochscheid erreichen, macht der Weg eine kleinen Schlenker nach links und wieder rechts. Dann geht es geradeaus nach Hochscheid ❺ hinein und auch hier weiter geradeaus.

Sie treffen auf die Hauptstraße, wo Sie an der Bushaltestelle auch eine Möglichkeit finden, sich bei schlechtem Wetter unterzustellen.

Hochscheid

🛏 ✗ ✆ 065 36, ✉ 54472

🛏 **Privatzimmer Christmann**, Römerstr. 22, ☎ 84 06, Ü EZ € 30, kein WLAN, keine Verpflegung, ➲ direkt am Weg

✗ Römerstube, Hauptstr. 20, ☎ 12 94, info@roemerstube-hochscheid.de, www.roemerstube-hochscheid.de, Do-So und Feiertage ab 17:00, ➲ 100 m

Das kleine unscheinbare Dorf liegt an der stillgelegten Bahnlinie, die einst über den Hunsrück führte. Ausgrabungen des Rheinischen Landesmuseums förderten eine Kultstätte, die der Quellgöttin Sirona und dem Gott Apollo geweiht war, zutage. In der Ortsmitte, direkt am Weg, finden Sie eine Informationstafel hierzu.

Der Weg führt geradeaus weiter Richtung Friedhof und hinaus aus dem Ort. Kurz vor dem Wald befindet sich rechts des Weges die ⌂ Grill- und Schutzhütte des Dorfes. Sie gehen in den Wald hinein und halten sich an der ersten Kreuzung auf dem Weg geradeaus, weiter dem Radweg folgend.

An der nächsten Kreuzung biegt der Ausoniusweg nach rechts ab, direkt in Richtung der Bundesstraße. Sie überqueren kurz nach der Kreuzung die alte Bahntrasse, die hier mitten durch den Wald verläuft.

Zwischen den Bäumen sehen Sie bereits die vielen Autos auf der Bundesstraße ❻, die Sie kurz darauf queren werden.

☝ Die Pkw und Lkw sind schnell unterwegs, also gut schauen und lieber ein wenig warten, bis es wirklich frei ist, und dann zügig über die Straße gehen.

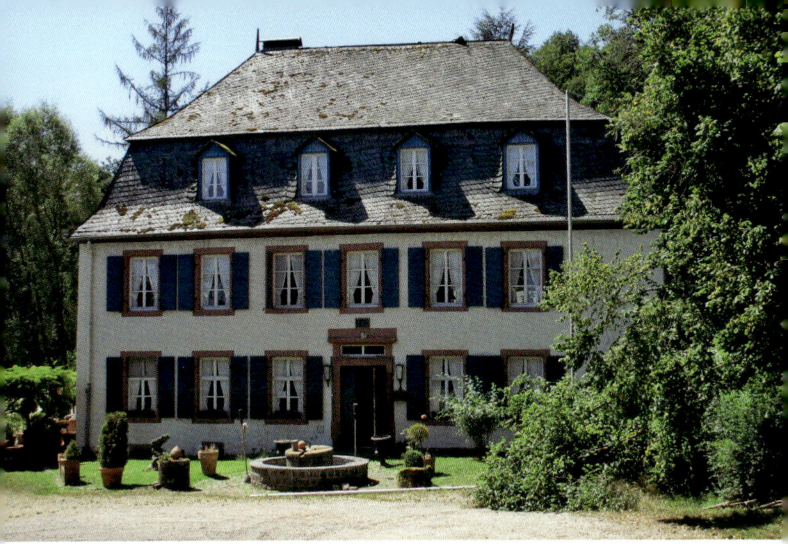

Mühlhaus zwischen Kirchberg und Gonzerath

Anschließend geht es direkt wieder in den Wald, schräg rechts hinauf. An der ersten Abzweigung biegen Sie nach links ab bis zur nächsten Kreuzung an der Halster Höhe. Hier findet sich eine ⛼ Rastmöglichkeit. Weiter geht es geradeaus ein Stück parallel zum Hochgerichtsweg. Sobald der Rand des Waldstücks erreicht ist, biegen Sie nach links ab und gehen entlang des Waldrands.

↳ Sie können bereits hier nach Wederath abzweigen. Gehen Sie dazu weiter geradeaus entlang des Waldrands bis zu dessen Ende. Dann geht es kurz links und dann rechts den gut ausgebauten Weg hinunter ins Dorf (➲ 0,9 km).

Wederath

🛏 ✕ ☎ 065 36, ✉ 54497

🛏 **Landhaus Zum Wildbach**, Keltenstr. 29, ☎ 93 36 92, ✉ info@zum-wildbach.com, 💻 www.zum-wildbach.com, ÜF EZ € 48, DZ € 75, Abendessen und Lunchpaket auf Anfrage, 🚪 ab 15:00, ➲ 900 m

In Wederath befindet sich gegenüber der Kirche eine noch heute funktionsfähige Schrotmühle, die aber nur noch zur Anschauungszwecken genutzt wird.

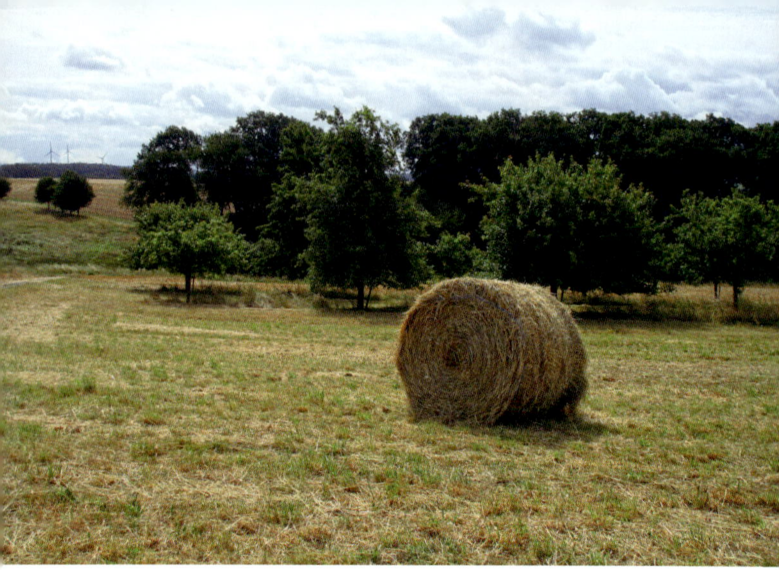

Zwischen Kirchberg und Gonzerath

Nach ein paar Metern entlang des Waldrands steht auf der linken Seite ein Gedenkkreuz. Der Weg macht eine Kurve nach rechts, weiter am Waldrand entlang. Kurze Zeit später führt links ein kleiner Pfad durch die Ausläufer des Waldes und der Büsche hindurch.

Sie stehen anschließend vor den alten keltischen und römischen Hügelgräbern. Weiter geht es an den Hügelgräbern vorbei, bis Sie fast wieder an der Bundesstraße sind.

↳ Wenn Sie hier nach rechts abbiegen, gelangen Sie geradewegs nach Wederath (➲ 0,9 km).

↳ Wenn Sie links die Bundesstraße queren und geradeaus hinunter entlang des Waldrands laufen, gelangen Sie nach Hinzerath (➲ 1,4 km).

Hinzerath

🛏 ♜ ✆ 065 33, ✉ 54497

🛏 **Haus Hochwaldhöhe**, Auf der Porth 1, ☎ 41 00, ✉ mail@hochwaldhoehe.de, 💻 www.hochwaldhoehe.de, ÜF EZ € 38, DZ € 60, 🐕 € 5, Abendessen nach Voranmeldung, 🚪 ab 15:00, ➲ 1,6 km

⊙ ☞ Haus Hochwaldhöhe

An der Bundesstraße sehen Sie bereits den „Stumpfen Turm“. Er diente viele Jahrhunderte als Wach- und Meldeturm der nahe dem Dorf gelegenen Wasserburg Baldenau. Selbst Napoleon nutzte das Gelände für eine Truppenparade im Jahr 1804. Wenn Sie in Hinzerath übernachten und abends nochmal Lust auf einen Spaziergang haben, ist die ☞ Burgruine Baldenau zu empfehlen.

♜ **Burgruine Baldenau**. Die einzige Wasserburg im Hunsrück ist eines der Wahrzeichen der Region. Im 14. Jahrhundert erbaut wurde sie zweimal zerstört. Seit den 1980er-Jahren gibt es Bestrebungen zur Erhaltung und dem Wiederaufbau. Ein Förderverein kümmert sich heute um die Burg und bietet regelmäßig Veranstaltungen an. Die Burg ist frei zugänglich (➲ 2,4 km vom Weg und 800 m von Hinzerath).

Der Ausoniusweg führt weiter parallel zur Bundesstraße direkt auf das Hauptgebäude des Archäologieparks Belginum ❼ zu. Hier finden Sie diverse ⛼ Rastmöglichkeiten.

⌘ **Belginum**. Die Abgeschiedenheit der Hochlagen führten dazu, dass viele archäologische Zeitzeugnisse gut erhalten geblieben sind und heute besichtigt werden können. Das Kulturzentrum/Museum und der Archäologiepark sind erbaut am Standort einer alten römischen Siedlung und bieten viele Informationen zum keltischen und römischen Leben auf dem Hunsrück.

♦ Keltenstr. 2, ☏ 065 33/95 76 30, ✉ belginum@morbach.de, 💻 www.belginum.de, 🚪 April-Okt Di-So 10:00-17:00, Mo geöffnet, wenn es ein Feiertag ist, Erwachsene € 4, direkt am Weg

⊙ Im Belginum erhalten Sie einen Pilgerstempel.

Sie gehen vorbei am Hauptgebäude auf die Straße zu. Dort biegen Sie links ab Richtung Kreisverkehr. Sie folgen dem Radweg über den Kreisverkehr und queren dabei nach rechts zweimal die Straßen. Anschließend geht es wenige Meter an der Straße entlang, bevor Sie nach links wieder in den Wald abbiegen.

Dort folgen Sie dem Weg, der immer mal wieder mitten durch den Wald und am Rand von Feld und Wald entlangführt. Auf der zweiten Lichtung weist ein Schild den Weg nach Gonzerath.

Dem Schild können Sie folgen, wenn Sie im Ort übernachten möchten, (➲ 1,2 km). Alternativ laufen Sie weiter geradeaus auf dem Waldweg und biegen an der Landstraße rechts nach Gonzerath ab.

Morbach-Gonzerath ✆ 065 33, 54497

Gasthaus Zur Post, Hauptstr. 32, ☎ 53 55, info@zur-post-morbach.de, www.zur-post-morbach.de, ÜF EZ € 39, DZ € 68, Übernachtung nur Do-Mo möglich, Restaurant Do-Mo 10:00-14:00 und ab 17:00, ➲ 1,2 km

Metzgerei und Bäckerei direkt an der Hauptstraße, kleiner Supermarkt, allerdings ohne feste Öffnungszeiten, ➲ 1,2 km

Der Buchenzweig im Wappen des Dorfs verweist auf die über 200 Jahre alte Rotbuche des Dorfes mit einem Stammumfang von ca. 4 m. Sie steht seit den 1930er-Jahren unter Naturschutz. Wenn Sie abends noch einen kleinen Spaziergang unternehmen möchten, können Sie das Wahrzeichen über den Rundweg (ca. 4 km) Königsroute ab dem Dorfplatz erreichen.

Wenn Sie in Morbach übernachten möchten, empfehle ich, die Strecke vom Weg bis in den Ort mit dem Taxi zurückzulegen. Alternativ können Sie im Wald den Schildern nach links Richtung Wenigerath folgen. Im Ort angekommen laufen Sie ein Stück weiter entlang der Hauptverkehrsstraße und biegen schließlich rechts in die Straße Zum Hegberg. Ab hier folgen Sie solange der Wegführung, bis Sie an den Hegberger Hof treffen. Nun geht es weiter nach links entlang der Straße. Diese macht gleich zu Beginn eine große Rechtskurve und führt bergab durch den Wald. Sie gelangen schließlich über eine Brücke an einen Kreisel. Über diesen laufen Sie geradeaus drüber, die Straße führt Sie in das Zentrum von Morbach (➲ ca 5 km).

Morbach BANK ✆ 065 33, 54497

Tourist-Information, Bahnhofstr. 19, ☎ 711 17, touristinfo@morbach.de, www.morbach.de, Mo, Mi, Do 09:00-12:00 und 14:00-16:00, Di 9:00-13:00, Fr-Sa 9:00-12:00, Sa nur Mai-Okt, ➲ 5 km

Hotel Hochwald-Café, Unterer Markt 2-4, ☎ 955 35 52, hotel@hochwald-café.de, www.hochwald-cafe.de, ÜF EZ € 67, DZ € 115, € 12, gegen Aufpreis, Restaurant ab 17:00, ➲ 5 km

Deine 2t Heimat, Am Kirschbaum 55-57, ☏ 939 50, info@2theimat.de, www.landhausamkirschbaum.de, ÜF EZ ab € 69, DZ ab € 118, auf Anfrage € 15, , auf Anfrage, Restaurant Mo, Di, Do-Sa ab 17:30, 5 km

Ca. alle 2 Stunden bis Bernkastel-Kues an der Mosel, ab hier bestehen weitere Verbindungen über Wittlich in Richtung Trier und Koblenz, www.vrt-info.de.

Taxi Reitz, ☏ 957 88 88, www.taxi-reitz.de

Morbach ist eine der größeren Ortschaften auf dem Hunsrück. Viele der kleinen Dörfer rundherum gehören zu der Gemeinde. Seine Lage an der alten Poststraße zwischen Birkenfeld und Bernkastel verhalf dem Ort Anfang des 19. Jahrhunderts zum Aufschwung und erhöhte die Einwohnerzahl. In Morbach finden Sie eine gute Infrastruktur mit Supermärkten, Apotheken, etc.

4. Etappe: Morbach-Gonzerath – Gräfendhron

15,5 km, 3 Std. 30 Min., ↑ 48 m, ↓ 334 m, ⇧ 228-545 m

0,0 km	⇧ 539 m	Abzweig Morbach-Gonzerath 1,2 km
3,7 km	⇧ 506 m	Abzweig Heinzerath (2,3 km)
5,2 km	⇧ 545 m	Abzweig auf die Nebenroute nach Neumagen-Dhron
15,5 km	⇧ 228 m	Gräfendhron ⊙

Ab dem Abzweig nach Morbach-Gonzerath führt der Weg auf langen Strecken durch den Wald. Sie passieren, ebenfalls mitten im Wald, den Abzweig der Nebenroute mit Ende in Neumagen-Dhron. Kurz vor dem kleinen Ort namens Haag gibt es etwas abseits des Weges einen herrlichen Fernblick auf die höchsten Erhebungen des Hunsrücks. Das Tagesziel Gräfendhron liegt im Talkessel des kleinen Baches namens Dhron, sodass Sie im Wald hinter Haag stetig bergab laufen.

☺ Ab der letzten Übernachtungsmöglichkeiten in Morbach-Gonzerath können Sie entweder denselben Weg zurück zum Abzweig laufen und treffen dort wieder auf die Hauptroute oder Sie sparen sich ein paar Schritte und laufen von Morbach-Gonzerath auf der Bundesstraße in Richtung Morbach. Sie treffen dann am Abzweig der Kreisstraße Richtung Villa Romana Veldenz auch wieder auf die Hauptroute.

Der Ausoniusweg führt am Abzweig Richtung Gonzerath weiter geradeaus. Kurz dahinter folgen Sie an der Rastmöglichkeit ⩚ Schweigerers Eck dem rechten Waldweg bis zur nächsten Bundesstraße. Sie queren diese und gehen auf der kleinen Kreisstraße weiter geradeaus. Das Schild Richtung Ville Romana Veldenz weist den Weg.

Nach ca. 750 m geht es links runter von der Straße und direkt rechts wieder hinein in den Wald. Sie folgen der Beschilderung zur „Grauen Lei" ❶.

Die ✿ Graue Lei ist ein 300 Mio. Jahre alter Quarzitfelsen und ein Naturdenkmal der Region.

Sie können den Felsen nicht verfehlen, er befindet sich direkt am Weg. Weiter geht es wieder Richtung Straße. Dort angekommen gehen Sie links weiter entlang an der Straße.

↳ Nach wenigen Metern führt eine Straße nach links Richtung Heinzerath (➲ 2,3 km).

Heinzerath ✕ ✆ 065 33, ✉ 54497

✕ **Landgasthof Brieschmühle**, Brieschmühle 1, ☏ 45 46, ✉ info@brieschmuehle.de, 💻 www.brieschmuehle.de, 🚪 Mi-Fr 16:00-21:00, Sa-So und Feiertage 11:00-21:00, ➲ 2,3 km

Heinzerath ist ein typisches Hunsrückdorf mit einigen gut erhaltenen und gepflegten Bauernhäusern. Vor der kleinen Dorfkirche finden sich zwei Linden, die ein stolzes Alter von mehr als 350 Jahren vorzuweisen haben.

Der Ausoniusweg führt weiter an der Straße entlang, bis diese einen Bogen nach links macht. Hier geht es wieder geradeaus, dem forstwirtschaftlichen Weg folgend, hinein in den Wald.

An der nächsten Kreuzung finden Sie eine ⩚ Rastmöglichkeit. Hier teilt sich der Ausoniusweg ❷. Die Nebenroute nach Neumagen-Dhron führt weiter geradeaus (☞ die Wegbeschreibung der Nebenroute finden Sie auf Seite 116).

Die Hauptroute biegt nach links ab. Sie kommen bald wieder aus dem Wald heraus und finden am Ende des Waldrandes eine kleine Hütte mit Rastmöglichkeit. Weiter geht es geradeaus vorbei an der Strauch- und Baumreihe. An der nächsten Kreuzung biegen Sie nach rechts ab, vorbei an dem landwirtschaftlichen Großbetrieb, wieder hinein in den Wald.

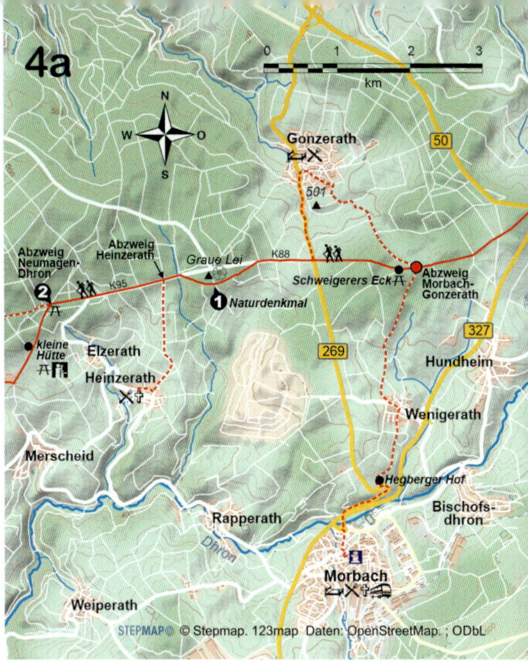

Hier nehmen Sie an der Weggabelung den linken Abzweig. Auch an der nächsten Weggabelung halten Sie sich links, tendenziell etwas bergab. Sie folgen dem Weg immer weiter, bis Sie wieder auf Felder stoßen. Weiter geht es dann ein wenig bergauf.

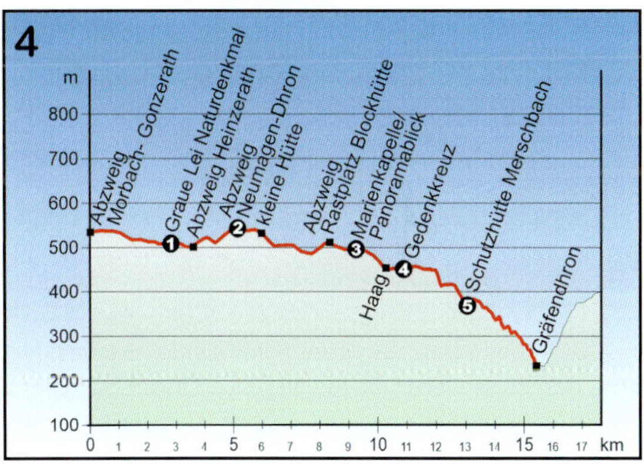

Oben angekommen weist Ihnen ein Schild ⇘ den Weg zum ⌂ Rastplatz Blockhütte, etwa 150 m abseits des Ausoniuswegs gelegen. Der Au_soniusweg führt auf dem gut ausgebauten Weg geradeaus weiter mit Blick auf die typischen Windräder des Hunsrücks.

Es geht an einer Baumreihe vorbei, bis Sie wieder auf eine Straße treffen. Diese queren Sie und gehen nach links weiter. Wenige Meter später geht es wieder rechts auf den Feldweg ⊼.

☺ Hier finden Sie ein Hinweisschild zu einer kleinen, sehenswerten Marienkapelle ❸ nur wenige Meter vom Weg entfernt. Eine Informationstafel erklärt Ihnen die Aussicht des herrlichen Panoramablicks.

Typischer Blick über den Hunsrück

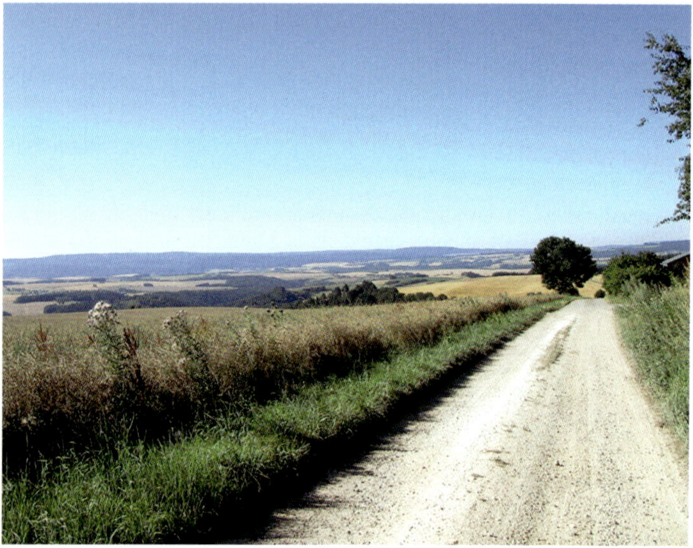

Der Ausoniusweg folgt dem Feldweg und es taucht langsam der Kirchturm des etwas weiter unten gelegenen Ortes Haag über den Feldern auf. Sie laufen weiter bis zu dem Gebäude (Garagen), welches Sie bereits von Weitem sehen.

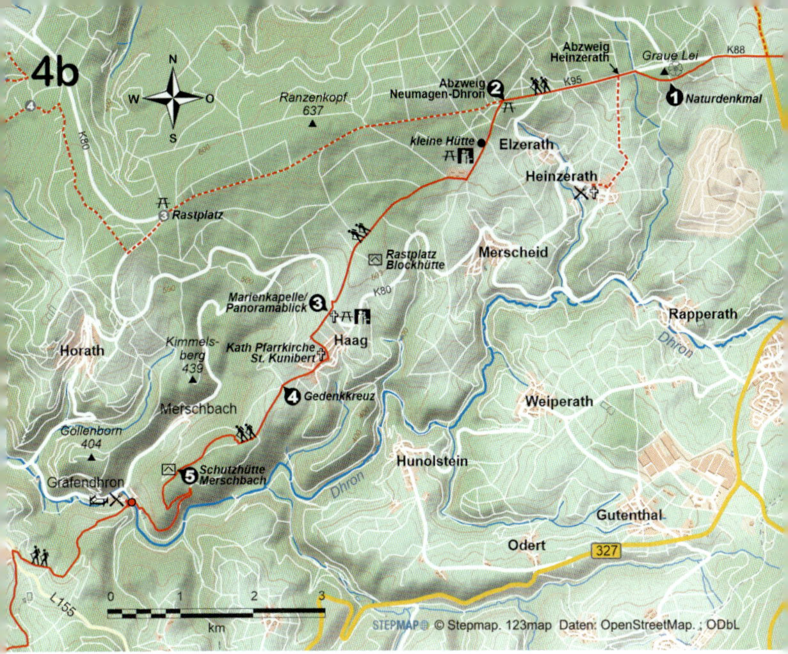

Hier biegt der Weg nach links ab hinunter ins Dorf. Sie laufen vorbei an der Grundschule und Bushaltestelle (diese bietet bei schlechtem Wetter einen guten Unterstand) geradewegs auf die Kirche zu.

⦿ **Kath Pfarrkirche St. Kunibert**, Stempel in der Kirche am Aufgang zur Empore. Die Dorfkirche ist mit viel regionaler Holzschnitzkunst ausgestattet,

ungewiss, ➲ direkt am Weg.

Hinter der Kirche biegen Sie rechts in die Kunibertstraße ab. Nach wenigen Metern erreichen Sie das alte Backhaus des Dorfes, hier bietet sich wieder eine gute Rastmöglichkeit. Weiter geht es immer geradeaus der Straße folgend, bis Sie den Ort wieder verlassen.

Sie gelangen an eine Kreuzung, an der sich auch ein Gedenkkreuz ❹ befindet. Hier biegen Sie nach schräg links ab, runter vom gut geteerten Feldweg. Am Wald angekommen nehmen Sie die rechte Abzweigung.

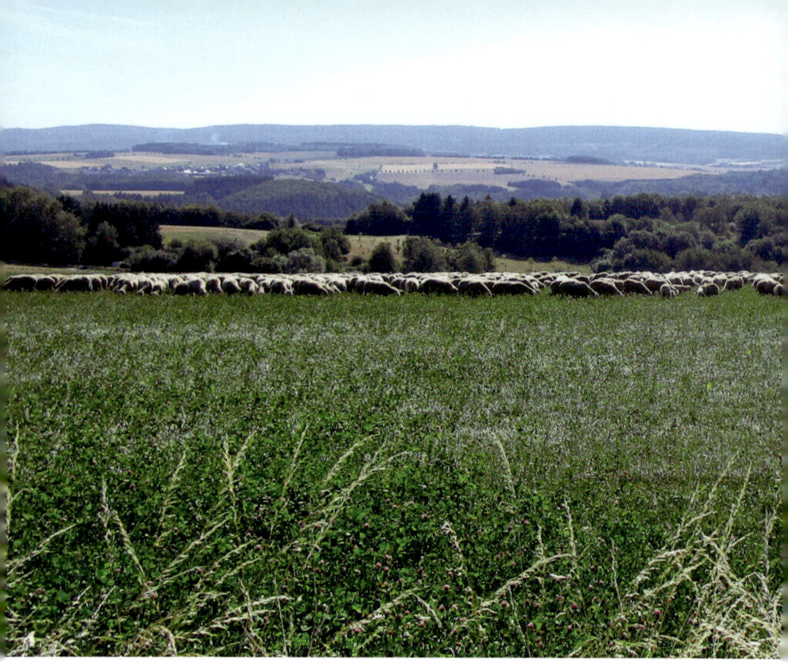

Der Weg führt hier zunächst noch ein kleines Stück am Waldrand entlang. Es geht dann einige Meter hinein in den Wald, dann direkt wieder rechts zum Waldrand (Sie können das Stück auch einfach weiter am Waldrand entlanggehen).

Ab hier wird es ein wenig abenteuerlich, da der Ausoniusweg ein kleines Stück quer durch Wald führt. Die Markierungen sind jedoch sehr gut. Gehen Sie links hinein in den Wald, tendenziell immer bergab. Hier sind bei Bedarf auch wieder Wanderstöcke zu empfehlen.

Sie erreichen nach kurzer Zeit auch wieder einen richtigen Waldweg und folgen diesem nach links. Sie halten sich immer geradeaus auf dem Weg, bis Sie an eine Lichtung gelangen, an der auch eine ⌂ Schutzhütte ❺ steht.

Kurioserweise befindet sich hier mitten im Nirgendwo auf dem Weg ein Ortseingangsschild von Merschbach. Sie nehmen an dieser Weggabelung den linken Weg, der Beschilderung Richtung Gräfendhron folgend.

Der Weg ist gut ausgebaut, führt stetig bergab und schlängelt sich mit ein paar großen Kurven durch den Wald.

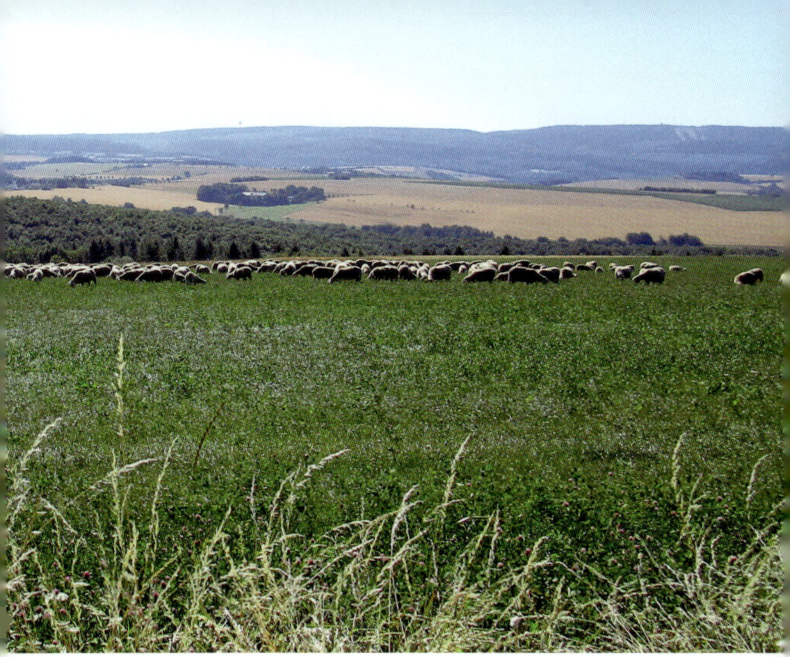

Zwischen Gonzerath und Fell

Sie gelangen am Fuße des Berges in den Ort Gräfendhron. Wenn Sie die ersten Häuser erreichen, biegen Sie nach rechts ab. Es geht weiter bis zu einer kleinen Brücke, die Sie nach links über den Bach überqueren. Anschließend geht es geradeaus in den Ort hinein.

Gräfendhron ⊙ ✆ 065 04, ✉ 54426

Landhaus Gräfendhron, Integrationsbetrieb Gräfendhron GmbH, Kapellenstr. 15-19, ☏ 95 49 90, info@landhaus-graefendhron.de, www.landhaus-graefendhron.de, ÜF EZ € 38,50, DZ € 70, € 10, € 8, auf Anfrage möglich, Frühstückstüte für Frühaufsteher vor 8:00 möglich, Restaurant Do-Fr 16:00-20:00 Sa-So 12:00-20:00, ➲ 150 m. ☺ Im Landhaus Gräfendhron können Sie Ihre Vorräte für die beiden letzten Etappen auffüllen. Das Landhaus betreibt einen kleinen Wander-Shop!

⊙ im Landhaus Gräfendhron

Gräfendhron ist ein kleines Dorf im Herzen des Hunsrücks mit noch nicht einmal 100 Einwohnerinnen und Einwohnern, aber einigen gut erhaltenen Bauernhäusern und einer kleinen Dorfkirche.

☝ Der Ort liegt so abgeschieden in einem Talkessel, dass es hier keinen Mobilfunkempfang gibt! Das Landhaus verfügt jedoch über eine gute WLAN-Verbindung.

5. Etappe: Gräfendhron – Fell

➲ 20,9 km, ⌛ 6 Std., ↑ 548 m, ↓ 598 m, ⇧ 177-484 m

0,0 km	⇧ 230 m	Gräfendhron 🛏 ✕ ⊙
9,5 km	⇧ 419 m	Sportplatz Gemeinde Breit ⛩
20,9 km	⇧ 177 m	Fell 🛏 ✕ ⊙ ✝ 🚌

Zu Beginn dieser Etappe arbeitet der Weg sich zunächst wieder hinauf auf die Höhe, sodass morgens gleich einige Höhenmeter anstehen. Sie werden sich auf diesem Stück des Weges hauptsächlich durch Wälder bewegen. Es geht regelmäßig einige Höhenmeter bergauf und bergab, mal auf schmalen, mal auf breiten Wegen. Bevor Sie das lang gezogene Tal des Feller Bachs erreichen, führt der Weg recht steil hinab durch den Wald. Anschließend läuft es sich auf den letzten Kilometern der langen Etappe umso flacher auf einem guten Weg hinein nach Fell.

Der Ausoniusweg führt, kurz nachdem die Brücke überquert wurde, nach links hinauf in die Straße Am Berg. Diese schlängelt sich bergauf und Sie nehmen direkt hinter dem Ortsausgang den rechten Abzweig weiter bergauf.

Der Weg führt entlang von Wiesen, Hecken und kleinen Waldstücken. Sie halten sich an den Weggabelungen immer auf der linken Seite und folgen dem Weg immer weiter bergauf.

Auf der Höhe angekommen sehen Sie bereits die ersten Häuser des nächsten Dorfes (Berglicht) ❶.

Hier befindet sich nach dem Anstieg eine ⛩ Bank zum Ausruhen mit schönem Ausblick auf die Landschaft.

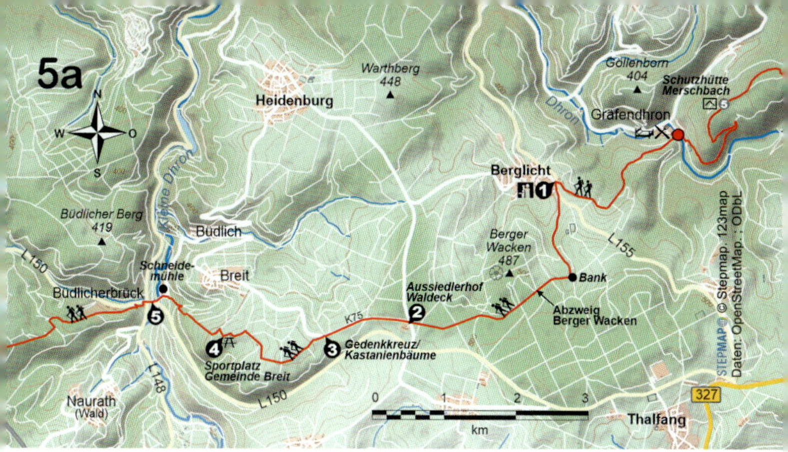

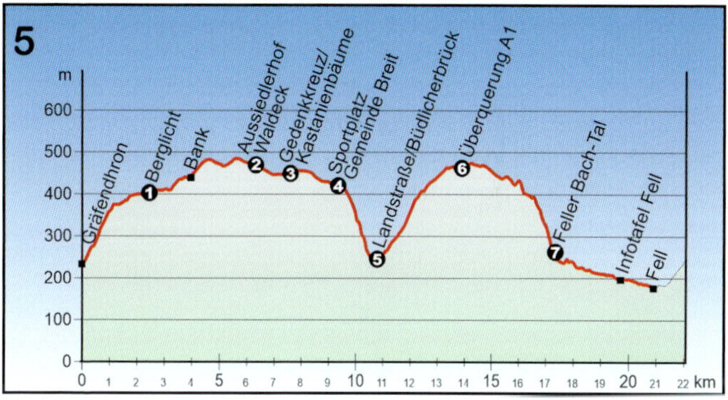

Der Weg biegt direkt hinter den ersten Häusern an der Landstraße nach links ab. Nach wenigen Metern geht es direkt wieder nach rechts herunter von der Straße und Sie laufen ein kleines Stück parallel dazu. Sie folgen dem Weg geradewegs auf das nächste Waldstück zu.

Hier geht es eher entlang des Waldrandes, immer etwas bergauf, bis Sie an eine Kreuzung mit einer ⩩ Bank kommen.

Hier biegt der Weg nach rechts ab und es geht weiter bergauf am Waldrand entlang. Sie haben einen direkten Blick auf das am Waldrand befindliche Windrand.

Schließlich geht es wieder hinein in den Wald.

↳ An der ersten größeren Kreuzung können Sie nach rechts zum ❀ Berger Wacken abbiegen, einem Felsmassiv mit einer kleinen Höhle. Hier soll der berüchtigte Schinderhannes einst genächtigt haben.

Der Weg führt immer geradeaus zunächst noch ein Stück bergauf und schließlich ab der nächsten größeren Kreuzung wieder bergab. Wenn Sie den Waldrand erreichen, sehen Sie bereits einen Aussiedlerhof. Es geht wenige Meter am Waldrand entlang, bis Sie an eine Straßenkreuzung treffen ❷.

Der Ausoniusweg führt weiter geradeaus ein gutes Stück an der Straße in Richtung des Ortes Breit entlang. Sie gelangen auf der Höhe an einen Abzweig mit zwei großen Kastanienbäumen und einem Gedenkkreuz ❸. Hier geht es hinunter von der Straße nach links auf den Feldweg. Sie folgen dem Weg auf der Höhe und sehen nach kurzer Zeit bereits in der Ferne den Sportplatz der nächsten Ortschaft.

Blick aufs Moseltal zwischen Gonzerath und Fell

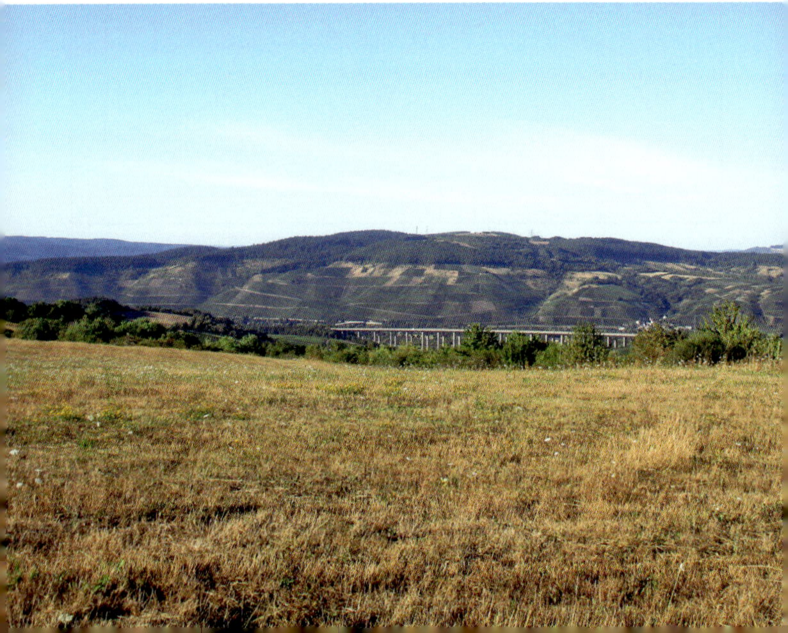

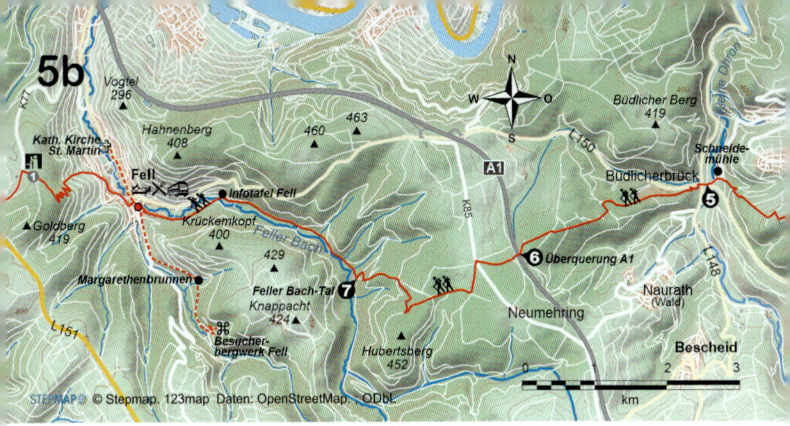

Am Ende des Weges, oberhalb des Sportplatzes der Gemeinde Breit, biegen Sie nach links unten in Richtung des Sportplatzes ❹ ab. Hinter dem Fußballfeld biegt der Weg nach rechts und kurze Zeit später wieder nach links ab. Es geht über die Felder bergab auf das nächste Waldstück zu. Auf halber Höhe befindet sich an einer Wegkreuzung eine Infotafel zu einer Traumschleifen-Wanderung.

Nach wenigen Metern im Wald gelangen Sie an eine Kreuzung, an der mehrere Wege zusammentreffen. Sie nehmen die Abzweigung nach links, zwischen den Hecken hindurch, einem kleinen Pfad folgend. Am Ende des Pfades biegen Sie rechts ab und dann direkt wieder links.

Hier geht es nach wenigen Metern direkt wieder nach rechts, einem kleinen, eher unscheinbaren Pfad bergab folgend. Auch hier empfehle ich, bei Bedarf wieder Wanderstöcke zu nutzen.

Am Ende des Pfades treffen Sie auf eine Straße und ein paar Aussiedlerhäuser (Schneidemühle). Sie biegen links ab und treffen schließlich auf die große Hauptverkehrsstraße. Hier ist Vorsicht geboten, da die Pkw und Lkw oft mit hoher Geschwindigkeit unterwegs sind. Sie biegen an der Hauptverkehrsstraße ❺ nach rechts ab und wechseln am besten an der Kreuzung, die Sie nach wenigen Metern erreichen, die Straßenseite.

An der Ecke der Kreuzung steht ein Wohnhaus. Sie gehen noch ein Stück weiter an der Straße entlang bis zum Ende der Leitplanke. Hier geht es links von der Straße ab direkt einen kleinen Pfad bergauf. Sie sind richtig, wenn Sie das Gefühl haben, über die Wiese des Wohnhauses zu laufen.

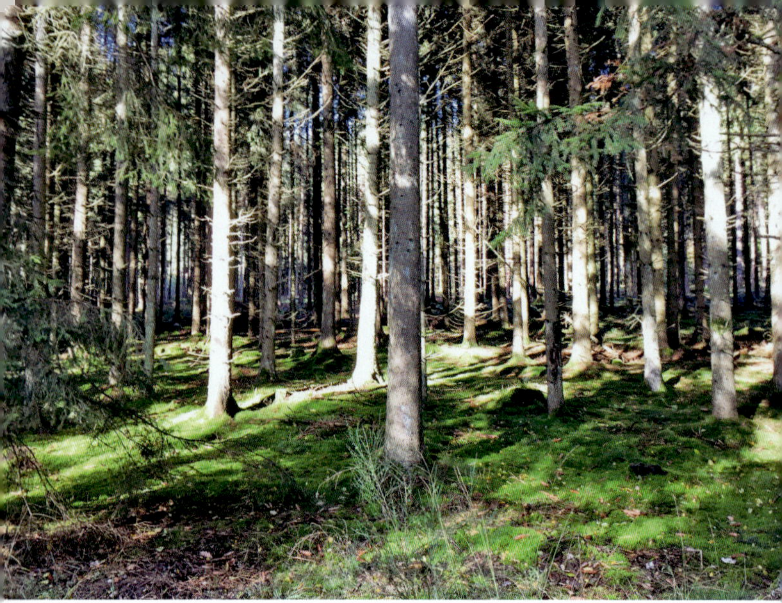

Diese Etappe führt viel durch den Wald

Der Weg führt entlang der Hecken und an einem kleinen Häuschen vorbei. Sie erreichen schließlich wieder einen Waldweg. Hier biegt der Ausoniusweg gleich wieder links ab und unmittelbar im Anschluss nach rechts hinauf in den Wald.

Sie bleiben immer auf diesem Weg, der stetig geradeaus bergauf führt. Am Ende des Weges laufen Sie nach links weiter und an der kurz darauf folgenden Abzweigung biegen Sie wieder nach rechts ab. Ab hier geht es immer geradeaus dem Weg durch den Wald folgend bis zur Autobahn A1 ❻. Eine Brücke führt Sie sicher über die Autobahn und es geht weiter geradeaus wieder hinein in den Wald.

Der Weg trifft schließlich auf eine Straße, an der Sie ein Schild mit der Aufschrift „Allee Baum des Jahres" sehen. Sie queren die Straße und nehmen den linken Weg entlang des Waldes. An der nächsten Kreuzung biegen Sie rechts ab. Auf der Wiese begleitet Sie wieder das Rauschen eines der Windräder. Der Weg geht noch ein kurzes Stück entlang der Wiese und schließlich hinein in den Wald. An der Weggabelung am Waldrand nehmen Sie den rechten Abzweig. Kurz darauf folgt eine weitere Kreuzung, an der mehrere Wege zusammentreffen.

Sie nehmen den mittleren, am besten ausgebauten Weg. Dieser führt bergab und macht nach ca. 500 m eine scharfe Rechtskurve. Nach weiteren 500 m schlängelt sich der Weg immer weiter bergab durch den Wald.

☹ Ab hier kann der Mobilfunkempfang sowie GPS-Empfang bei Mobilfunkgeräten teilweise schlecht bis sehr schlecht sein. Tendenziell müssen Sie immer weiter bergab! Der Weg ist gut ausgeschildert.

Im Tal des Feller-Bachs ❼ angekommen stoßen Sie wieder auf einen gut ausgebauten Weg und biegen nach rechts ab. Sie folgen auf gerader Strecke dem Weg immer weiter entlang des Bachlaufs.

Schließlich erreichen Sie eine größere Weggabelung, an der es eine ⛼ Rastmöglichkeit gibt und eine Infotafel zum Ort Fell steht.

Sie nehmen hier die linke Abzweigung, welche Sie direkt in den Ort hinein führt. Es geht an den ersten Häusern entlang, bis sich die Straße gabelt. Geradeaus sehen Sie einen alten Torbogen, ⇘ diese Straße führt Sie zum Besucherbergwerk Fell.

Der Ausoniusweg führt an der Gabelung rechts vorbei am Hotel Fellertal und über den kleinen Bachlauf des Feller Bachs, dem Sie bereits seit einiger Zeit gefolgt sind. Hinter diesem biegen Sie links ab und treffen auf die Hauptverkehrsstraße des Ortes.

Weg durch Fell

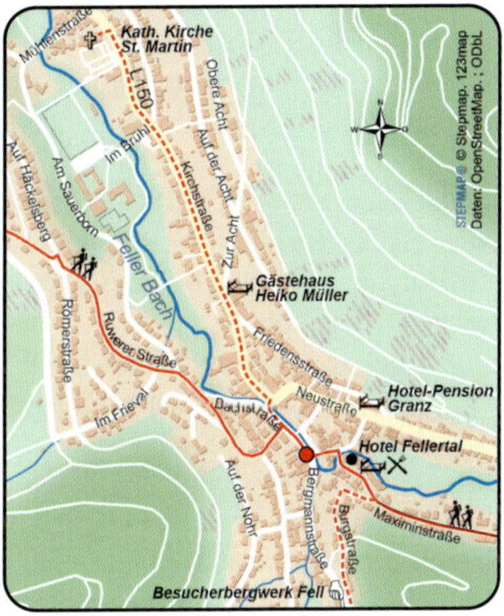

Fell

🛏 ✕ ⛫ ⊙ ✝ 🚌 ✆ 065 02, ✉ 54341

🛏 ✕ **Hotel Fellertal**, Maximinstr. 6, ☎ 51 66, ✉ info@hotel-fellertal.de, 💻 www.hotel-fellertal.de, Ü EZ € 65, DZ € 65, Frühstück € 12,50, keine Kreditkarten, Hunde nicht erlaubt, 🚪 Restaurant Do-Sa ab 17:00, So und Feiertag 12:00-14:00, ➲ direkt am Weg

Hotel-Pension Granz, Neustr. 33, ☎ 84 43, ✉ hotel.weingut.granz@web.de, ÜF EZ ab € 35, DZ € 60, 🐕 kostenfrei, ➲ 50 m

♦ **Gästehaus Heiko Müller**, Kirchstr. 71, 📱 015 15/878 25 40, Ü EZ € 35, DZ € 45, 🚲, 🐕 € 5-10, ➲ 250 m

♦ Eine Vielzahl weiterer Unterkünfte finden Sie direkt über die Homepage des Ortes, 💻 www.tourist-information-fell.de.

⊙ **Kath. Pfarramt St. Martin**, Kirchstr. 31, ☎ 23 90

✞ Kath. Kirche St. Martin. Die schlichte Dorfkirche ist neben dem heiligen Martin auch der heiligen Barbara, der Schutzpatronin der Feller Bergleute, geweiht.

♦ Kirchstr. 31, 🚪 ungewiss, ➲ 800 m

Der Name des Ortes zeugt noch von der römischen Herrschaft an der Mosel. „Val" (lat. für Tal) bezieht sich auf die Lage von Fell in einem kleinen Seitental der Mosel. Unweit von Fell existiert heute noch ein Besucherbergwerk, welches an den Schieferabbau in der Region im 19. Jahrhundert erinnert.

⌘ Wenn Sie zum Besucherbergwerk Fell wollen, gehen Sie an der Abzweigung vor dem Hotel Fellertal hinauf in die Burgstraße durch das alte Burgtor. Wenn Sie die Kreisstraße erreichen, folgen Sie dieser ca. 60 m bis zur Barbara-Grotte.

Ab hier geht es hinauf durch die Weinberge bis zum Margarethenbrunnen. Hier befinden Sie sich bereits auf dem Grubenwanderweg Richtung Besucherbergwerk.

⌘ **Besucherbergwerk Fell**. Das Besucherbergwerk bietet neben der klassischen Führung unter Tage durch die alten Stollen des Schieferabbaus auch ein Besucherzentrum mit vielen weiteren Informationen. Zusätzlich gibt es den Lehr- und Erlebnisweg. Grubenwanderweg mit einer variablen Länge zwischen 5 km bis 7,5 km.

♦ Auf den Schiefergruben 3, ☎ 98 85 88, ✉ info@bergwerk-fell.de, 💻 https://wp.bergwerk-fell.de, 🚪 April-Okt Di-So und Feiertage 10:00-18:00, Erwachsene € 9, Kinder € 6, Führungen alle 45 Minuten, 🐕, ➲ 2,5 km

6. Etappe: Fell – Trier

14 km, 6 Std., ↑ 238 m, ↓ 279 m, ⇧ 124-351 m

0,0 km	⇧ 177 m	Fell
7,6 km	⇧ 134 m	Ruwer BANK
14,0 km	⇧ 135 m	Trier BANK

Bereits zu Beginn der Etappe erklimmen Sie die letzten Höhenmeter des Ausoniusweges in Serpentinen hinauf durch den Wald. Der Anstieg wird mit einem Ausblick auf das Moseltal belohnt. Anschließend umkreisen Sie den Ort Mertesdorf und es geht über Felder und durch Weinberge hinab nach Ruwer. Ab hier führt der Weg flach hinein nach Trier. In der Paulinstraße angekommen sehen Sie von Weitem bereits das Wahrzeichen der Stadt, die Porta Nigra. Kurz darauf haben Sie dann auch das Ende des Ausoniusweges am Trierer Dom erreicht.

An der Hauptverkehrsstraße biegen Sie nach rechts ab, dem Bachlauf (Feller Bach) weiter folgend. Es geht dann auch schon direkt die nächste Straße wieder nach links bergauf in die Ruwerer Straße in Richtung des Jüdischen Friedhofes.

Wenn Sie hier nicht abbiegen, gelangen Sie zur kath. Kirche St. Martin. Hierzu geht es ein kleines Stück weiter der Bachstraße entlang, denn überqueren Sie den Bach nach rechts der Hauptverkehrsstraße folgend. Dann biegen Sie nach links in die Kirchstraße ab und laufen geradeaus, bis die Kirche auf der linken Straßenseite erscheint.

Die Straße macht einen Bogen nach rechts und an der übernächsten Straßengabelung führt der Weg nach links weiter bergauf.

Schließlich treffen Sie auf die Römerstraße; hier geht es ca. 10 m nach rechts und dann links bergauf der Ruwerer Straße weiter folgend. Diese führt hinaus aus dem Ort.

Für Sie geht es stetig weiter bergauf. Auf halber Höhe zu den Weinbergen bietet sich eine Gelegenheit für eine kurze Rast. Sie folgen dem Weg durch die Weinberge hindurch, immer geradeaus, wieder hinein in den Wald.

Ab hier geht es in Serpentinen weiter. Nach der siebten Kurve geht es noch ein Stück weiter geradeaus durch den Wald, bis Sie schließlich auf eine Wiese treffen.

Von hier aus haben Sie einen netten Weitblick auf die ersten Weinberge des Moseltals ❶.

Sie gehen weiter geradeaus über die Wiese. Der Weg führt zwischen den Hecken auf der anderen Seite hindurch.

Sie treffen auf eine Straße (K77), der Sie nach links bergauf folgen müssen. Hier gibt es leider keine Möglichkeit, neben der Straße zu laufen,

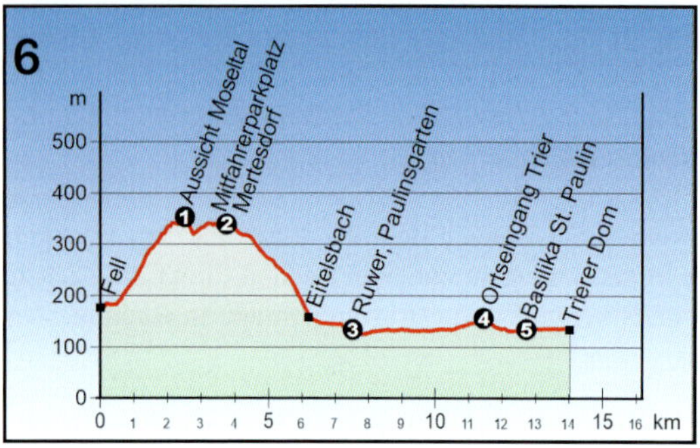

daher ist Vorsicht geboten. Am Kreisverkehr angekommen laufen Sie geradewegs darüber hinweg Richtung Mertesdorf. Es geht weiter entlang der Straße und der Auf- und Abfahrten der viel befahrenen L151.

Kurz hinter den Auf- und Abfahrten sehen Sie bereits den Mitfahrerparkplatz ❷, wo Sie wieder auf ruhigere Wege kommen. Sie biegen rechts auf den Parkplatz ab und queren diesen. Am Ende des Parkplatzes geht es nach links weiter an den Feldern entlang. An der ersten Abzweigung biegen Sie nach links ab über die Felder in Richtung des kleinen Tannenwaldes, den Sie bereits vom Parkplatz aus sehen konnten.

Es geht weiter entlang der Bäume bergab bis zur nächsten Kreuzung. Hier nehmen Sie den mittleren der drei Wege und halten sich wenige Meter dahinter an der Weggabelung rechts. Es geht entlang der Felder immer weiter bergab und durch ein kleines Tannenwäldchen hindurch.

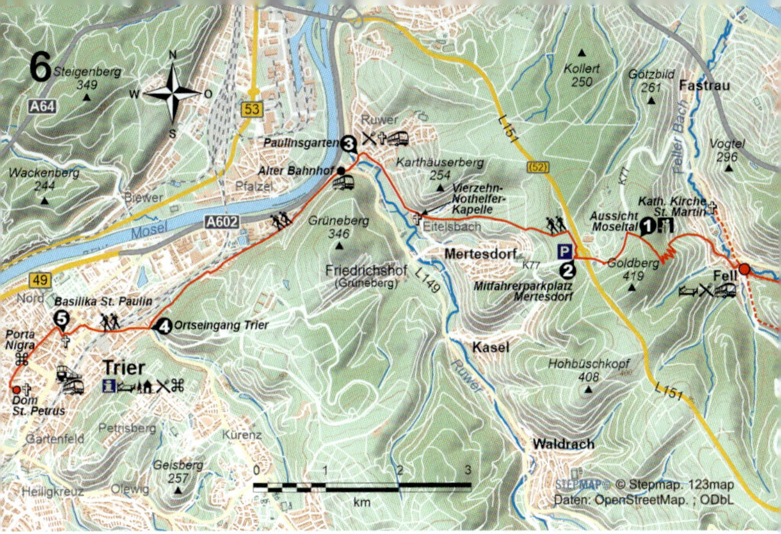

Der Weg führt Sie in den kleinen Ort Eitelsbach. An der Kreuzung befindet sich der Dorfbrunnen und Sie sehen schräg links die kleine Vierzehn-Nothelfer-Kapelle. Es geht weiter geradeaus an den Weinbergen entlang.

Sie erreichen bereits nach kurzer Zeit die Häuser des Ortes Ruwer. Weiter der Straße folgend geht es zunächst ein gutes Stück geradeaus, bis die Straße nach einem Bogen nach links auf eine größere Straße mit einem kleinen Platz ❸ trifft.

Ruwer ✕ BANK ✝ ✆ 06 51, ✉ 54292

✕ Direkt am Weg finden Sie diverse Schnellimbisse und am alten Bahnhof eine Pizzeria.

Es bestehen regelmäßige Busverbindungen ab dem Paulinsgarten bzw. Alten Bahnhof (beide Haltestellen direkt am Weg) ins Zentrum von Trier, www.vrt-info.de.

✝ **Pfarrkirche St. Clemens**. Der Innenraum der Kirche wurde 2007 komplett neu gestaltet.

♦ Borngasse 3, ungewiss, ➲ 50 m (kurz vor dem Platz in die Borngasse abbiegen)

Ruwer ist ein kleiner Ort, direkt an der Mosel gelegen. Sie finden im Ortskern ein wenig Infrastruktur, falls Ihnen für die letzten Kilometer noch etwas Wichtiges fehlen sollte.

Sie biegen an der Straße nach links ab und laufen über die Brücke über den kleinen Fluss Ruwer (er trägt denselben Namen wie der Ort) auf die nächst größere Kreuzung zu. Hier geht es geradeaus weiter, vorbei am alten Bahnhofsgebäude. Es geht immer weiter geradeaus hinaus aus Ruwer.

Kurz hinter dem Ortsausgang befindet sich eine Tankstelle. Auch hier geht es weiter geradeaus der Straße entlang.

Der Ausoniusweg biegt schließlich auf den Radweg ab, der Richtung Trier führt. Dieses Stück des Weges ist leider nicht mehr so grün und schön wie alles bisher Gesehene. Es geht einige Zeit entlang der alten Bahngleise und vorbei am Industriegebiet. Der Radweg macht schließlich einen Knick nach rechts. Sie folgen diesem immer weiter, bis Sie die Stadt erreichen ❹ bzw. der Weg auf eine Querstraße trifft.

Hier biegen Sie rechts ab. Es geht immer weiter bergab.

➩ Wenn Sie es eilig haben und zum Bahnhof müssen, können Sie direkt wieder in die erste Straße links einbiegen und dem Radweg Richtung Bahnhof folgen.

Der Ausoniusweg führt aber geradeaus weiter und schließlich unter den Bahngleisen hindurch. Hinter der Unterführung wechseln Sie an der Fußgängerampel die Straßenseite und gehen weiter auf die große Kreuzung vor Ihnen zu. Diese überqueren Sie geradeaus und biegen anschließend in die erste Straße (Balthasar-Neumann-Straße) nach links ab. Diese teilt sich und Sie nehmen den rechten Abzweig. Anschließend geht es weiter geradeaus. Von hier aus blicken Sie bereits direkt auf die barocke Basilika St. Paulin ❺, die Sie sich auf jeden Fall von innen anschauen sollten. Am Ende der Straße biegen Sie rechts ab und folgen ihr (nach Ihrem Abstecher in die Basilika) geradeaus, bis Sie auf die Paulinstraße treffen.

Sie biegen nach links in diese ab und folgen ihr, bis Sie an der großen Kreuzung vor der Porta Nigra stehen. Hier spüren Sie bereits ein erstes geschäftiges Treiben der Trierer Innenstadt. Über die Fußgängerampel gelangen Sie sicher auf die andere Straßenseite. Neben der Porta Nigra befindet sich direkt das Stadtmuseum Simeonsstift.

Geradeaus geht es weiter hinein in die trubelige Fußgängerzone. Sie gelangen schließlich auf den Hauptmarkt der Stadt Trier. Geradeaus sehen Sie versteckt hinter der Häuserreihe den Kirchturm der Stadtkirche St. Gangolf aufragen.

Am Hauptmarkt biegen Sie nach links ab und stehen wenige Meter später bereits auf dem Domfreihof mit direktem Blick auf den Trierer Dom St. Petrus. Rechts neben dem Dom sehen Sie die Liebfrauenkirche und ihr gegenüber befindet sich die Dom-Information. Hier können Sie sich den letzten Pilgerstempel Ihrer Reise und eine Pilgerurkunde abholen.

Trier

06 51, 54290

Tourist-Information, An der Porta Nigra, 97 80 80, info@trier-info.de, www.trier-info.de, Mo-Fr 9:30-17:30, So 10:00-17:00, Okt-Feb z. T. verkürzte Öffnungszeiten, direkt am Weg

Blesius Garten, Olewiger Str. 135, 360 60, info@blesius-garten.de, www.blesius-garten.de, ÜF EZ ab € 88, DZ ab € 120, € 10, auf Anfrage Restaurant: es werden mehrere Restaurants betrieben mit verschiedenen Öffnungszeiten, bitte telefonisch erfragen, 1,5 km

Stadthotel ante porta, Paulinstr. 66, 43 68 50, info@hotel-anteporta.de, www.hotel-anteporta.de, Ü EZ ab € 64, DZ ab € 69, Frühstück € 9, am Weg

♦ **Residenz Hotel am Zuckerberg**, Frauenstr. 7, 979 30, info@residenz-hotel-trier.de, www.residenz-hotel-trier.de, Ü EZ € 77, DZ € 89, Frühstück € 12,50, € 5, 600 m

Römerstadt-Jugendherberge, An der Jugendherberge 4, 14 66 20, trier@diejugendherbergen.de, www.diejugendherbergen.de, ÜF MBZ € 25,10, € 5,70, 1 km (fast direkt an der Mosel)

♦ **Kolping Hostel Trier**, Dietrichstr. 42, 97 52 50, info@kolping-hostel.de, www.Kolpinghaus-warsberger-hof.de, Ü EZ € 34,50, DZ € 59, Frühstück € 8,20, , 50 m (am Hauptmarkt rechts abbiegen)

In der Trierer Innenstadt finden Sie zahlreiche Einkehrmöglichkeiten, von der Eisdiele über Schnellimbisse bis hin zu Gaststätten und Restaurants.

Dom-Information, Liebfrauenstr. 12/Ecke Domfreihof, 97 90 79-0, info@dominformation.de, www.dominformation.de, Mo-Sa 10:30-17:15, So und Feiertag 12:00-15:00, Nov, Jan-März Sa verkürzte Öffnungszeiten und So sowie Feiertage geschlossen, direkt am Weg, auf Wunsch und nach Vorlage des abstempelten Pilgerausweises erhalten Sie eine Pilgerurkunde

♦ ☞ Tourist Information

In der Innenstadt benötigen Sie wahrscheinlich keinen Bus. Von der Fußgängerzone zum Hauptbahnhof kann man auch gut laufen. Infos über die Busse auf: www.vrt-info.de

🚉 ☞ Siehe An- und Abreise. Gehen Sie von der Fußgängerzone wieder zur Porta Nigra. Dahinter biegen Sie rechts ab und folgen dem Grünstreifen zwischen Theodor-Heuss-Allee und Christophstr. solange geradeaus, bis Sie den Bahnhof sehen.

☺ „ANTIKENCARD Trier" – kombinierte Eintrittskarte (mehrere Versionen) für verschiedene Sehenswürdigkeiten der Stadt, erhältlich in der Tourist-Information und online unter 💻 www.trier-info.de

⌘ **Museum am Dom**. Das Museum am Dom bietet einen Einblick in die christliche Kunst der vergangenen Jahrhunderte. Vor der Nutzung als Museum diente das Gebäude als Kaserne und Haftanstalt.

♦ Domfreihof, ☏ 71 05-255, ✉ museum@bistum-trier.de, 💻 www.museum-am-dom-trier.de, 🚪 Di-Sa 9:00-17:00, So und Feiertag 13:00-17:00, feiertags an Montagen geöffnet, Erwachsene € 5, ermäßigt € 3 (Kombiticket mit Domschatz € 5,50, ermäßigt € 3,20), ➲ direkt am Weg

Porta Nigra

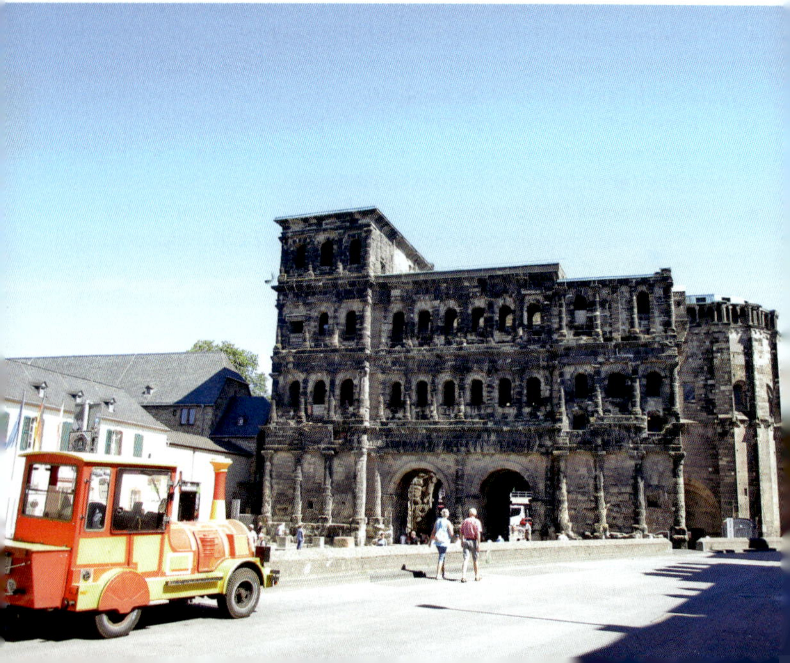

⌘ **Stadtmuseum Simeonsstift**. Untergebracht ist das Museum in einem ehemaligen Stiftsgebäude. Der Name geht auf den Einsiedlermönch Simeon zurück, der sich an dieser Stelle einmauern ließ. Das Museum zeigt Interessantes zur Trierer Stadtgeschichte.

♦ Simeonstr., ☏ 718-24 51, 💻 www.museum-trier.de, 🚪 Di-So 10:00-17:00, Erwachsene € 5,50, Kinder bis 10 Jahre frei, ➲ direkt am Weg

⌘ **Porta Nigra**. Das ehemalige Stadttor ist das am besten erhaltene römische Stadttor nördlich der Alpen. Im Laufe der Jahrhunderte wurde das Gebäude auf vielfältige Weise genutzt und diente zeitweise auch als christliche Kirche. Seine schwarze Farbe ist durch Verwitterung des Sandsteins, welcher aus Steinbrüchen der Region stammt, über die Jahrhunderte hinweg entstanden. Ihren heutigen Namen trägt die Porta Nigra bereits seit etwa 900 Jahren.

♦ Simeonstr., ☏ 460 89 65, 💻 www.zentrum-der-antike.de, 🚪 täglich mind. 10:00-16:00, Erwachsene € 4, Kinder € 2,50, ➲ direkt am Weg

⌘ **Römische Thermen**. Das Bad in den Thermen war für die Römer der Antike ein wichtiger Ort der Begegnung. Hier wurde nicht nur entspannt, sondern es wurden auch wichtige Geschäfte abgeschlossen. In Trier können Sie gleich drei Thermen besichtigen. Die berühmtesten und größten Kaiserthermen, die kleineren, touristisch weniger überlaufenen Barbarathermen (Eintritt frei, ➲ 1,3 km) sowie die Thermen am Viehmarkt. Da sie erst in den späten 1980er-Jahren entdeckt wurden, sind sie nicht Teil des UNESCO-Weltkulturerbes in Trier.

♦ ☏ 43 62-550, ✉ info@trier-info.de, 💻 www.trier-info.de, 🚪 täglich 10:00-17:00, Erwachsene € 4, Kinder € 2,50, ➲ 900 m

⌘ **Amphitheater**. Auch in Trier haben sich Gladiatoren in spektakulären Gefechten auf Leben und Tod bekämpft und so die breite Bevölkerung unterhalten.

♦ Olewiger Str. 25, ☏ 730 10, 💻 www.zentrum-der-antike.de, 🚪 täglich 9:00-18:00, Erwachsene € 4, Kinder € 2,50, ➲ 1,5 km

⌘ **Rheinisches Landesmuseum**. Zuständig für alle wichtigen archäologischen Ausgrabungen der gesamten Region, zeigt das Museum rund 200.000 Jahre Geschichte.

♦ Weimarer Allee 1, ☏ 97 74-0, ✉ landesmuseum-trier@gdke.rlp.de, 💻 www.landesmuseum-trier.de, 🚪 Di-So 10:00-17:00, Erwachsene € 8, Kinder € 4, ➲ 300 m

⌘ **Karl-Marx-Haus**. Das Museum ist gleichzeitig das Geburtshaus des bekannten Philosophen und Politikers und zeigt in einer Dauerausstellung sein Leben und Wirken.

♦ Brückenstraße 10, ☏ 970 68-0, ✉ karl-marx-haus@fes.de, 💻 www.karl-marx-haus.de, 🚪 10:00-18:00, Erwachsene € 5, Kinder € 3,50, ➲ 450 m

✞ **Basilika St. Paulin**. Die ehemalige Stiftskirche wurde im barocken Stil errichtet und zeigt an der Kirchendecke seine volle Pracht. Sehenswert ist auch die hinter dem Altarraum gelegene Krypta.

♦ Thebäerstr. 39, 💻 www.pfarreiengemeinschaftpaulin.de, 🚪 täglich min. 10:00-17:00, ➲ direkt am Weg

✞ **Stadtkirche St. Gangolf**. Als Marktkirche vor rund 1.000 Jahren erreichtet diente der hohe Turm bis ins 20. Jahrhundert als Feuerwache der Stadt Trier.

♦ 🚪 wegen Renovierung aktuell geschlossen (Stand Anfang 2022)

✞ **Trierer Dom St. Petrus.** An der Stelle des heutigen Doms bzw. Domfreihofes existiert seit ca. 1.700 Jahren ein Gotteshaus. In der ältesten Stadt Deutschlands steht also auch die älteste Kirche Deutschlands. Über die Jahrhunderte wurde die Kirche immer weiter ausgebaut und war seit jeher Sitz der Bischöfe von Trier. Nach einem Brand im 18. Jahrhundert mussten große Teile des Doms neu errichtet werden, was ihm seinen heutigen barocken Stil verlieh. Der Trierer Dom ist, gemeinsam mit den weiteren römischen Baudenkmälern, seit 1986 Teil des UNESCO-Weltkulturerbes. Er kann individuell oder mit einer Führung besichtigt werden. Auch die Schatzkammer des Doms ist mit seinen bedeutenden Reliquien der Öffentlichkeit zugänglich (Erwachsene € 1,50). Der Trierer Dom wird auch für weltliche Veranstaltungen, wie z. B. Konzerte und Ausstellungen, genutzt.

♦ Informationen über die ☞ Dom-Information, 🚪 April-Okt werktags 10:00-18:00, So und Feiertag 11:30-18:00, Nov-März werktags 10:00-17:30, So und Feiertag 11:30-17:30, ➲ direkt am Weg

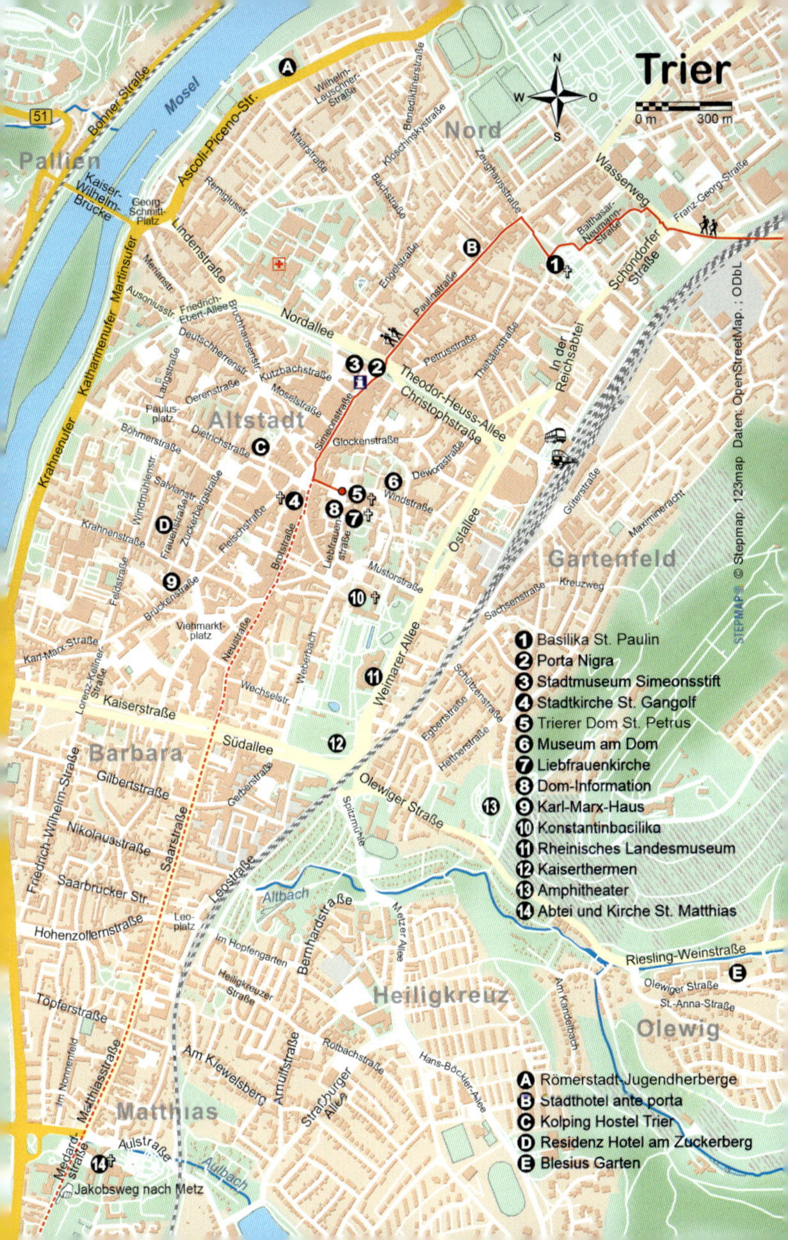
Trier
0 m
300 m
Nord
Altstadt
Gartenfeld
Barbara
Heiligkreuz
Olewig
Matthias
Pallien
Mosel
1 Basilika St. Paulin
2 Porta Nigra
3 Stadtmuseum Simeonsstift
4 Stadtkirche St. Gangolf
5 Trierer Dom St. Petrus
6 Museum am Dom
7 Liebfrauenkirche
8 Dom-Information
9 Karl-Marx-Haus
10 Konstantinbasilika
11 Rheinisches Landesmuseum
12 Kaiserthermen
13 Amphitheater
14 Abtei und Kirche St. Matthias
A Römerstadt-Jugendherberge
B Stadthotel ante porta
C Kolping Hostel Trier
D Residenz Hotel am Zuckerberg
E Blesius Garten
Jakobsweg nach Metz
Stepmap. 123map Daten: OpenStreetMap ; ODbL

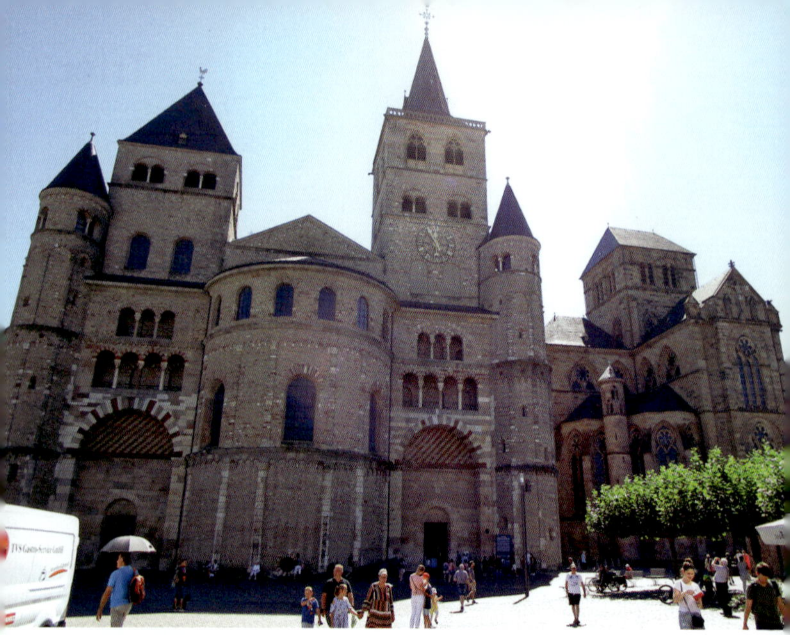

Trierer Dom St. Petrus

✝ **Liebfrauenkirche**. Als älteste gotische Kirche Deutschlands steht die Liebfrauenkirche unmittelbar neben dem Dom und kann auf eine genauso lange Historie zurückblicken. Ihr Grundriss ähnelt einer Rose und unterscheidet sich so erheblich von dem üblichen kreuzförmigen Grundriss anderer Kirchen.

♦ Liebfrauenstraße 2, ☏ 170 79-0, 💻 www.liebfrauen-trier.de, 🚪 täglich 12:45-17:00, ➲ direkt am Weg

✝ **Konstantinbasilika**. Errichtet von Kaiser Konstantin ca. 300 n. Chr. als Thronsaal und im Mittelalter als Burganlage genutzt dient das Gebäude erst seit Mitte des 19. Jahrhunderts als Kirche.

Die Basilika beeindruckt durch ihren Marmorboden und ihren großzügigen Innenraum.

♦ Konstantinplatz 10, ☏ 99 49 12 00, 💻 www.ekkt.ekir.de, 🚪 Apr-Okt Mo-Sa 10:00-12:00 und 14:00-18:00, So 13:00-18:00, im Winter verkürzte Öffnungszeiten, ➲ 200 m

✞ **Abtei und Kirche St. Matthias**. Etwas außerhalb des Innenstadtbereichs gelegen befindet sich die Abtei und Kirche seit ca. 100 Jahren in Obhut der Benediktinermönche. In der Krypta der Kirche befinden sich die Gräber der ersten Trierer Bischöfe sowie die Gebeine des Apostels Matthias. Es ist somit das einzige Apostelgrab nördlich der Alpen. Die Abtei ist immer wieder Zielort von Pilgerreisen und Wallfahrten von Menschen aller Altersgruppen.

♦ Matthiasstr. 79, ☏ 326 34, 💻 www.st-matthias-trier.de, 🚪 täglich 8:00-17:30, ➲ 1,6 km bzw. direkt am Weg, wenn Sie auf dem Jakobsweg weiter Richtung Frankreich pilgern

Gegründet wurde die Stadt im Jahr 17 v. Chr. von den Römern und sie kann auf eine lange und bewegte Geschichte zurückblicken. Vor allem als Grenzstadt zu Frankreich war Trier immer wieder in die Wirren der Kriege verwickelt. Mit gerade einmal gut 110.000 Einwohnern ist Trier erst seit wenigen Jahren offiziell eine Großstadt. Für die Trierer und die Menschen im Umland bildete sie jedoch seit vielen Jahrhunderten das wirtschaftliche und kulturelle Zentrum der Region. Als Bischofssitz und Universitätsstadt ist Trier auch über die Region hinaus bekannt. 1986 wurde den Römischen Baudenkmälern die Ehre zuteil, in die Liste des UNESCO-Weltkulturerbes aufgenommen zu werden.

Basilika St. Paulin

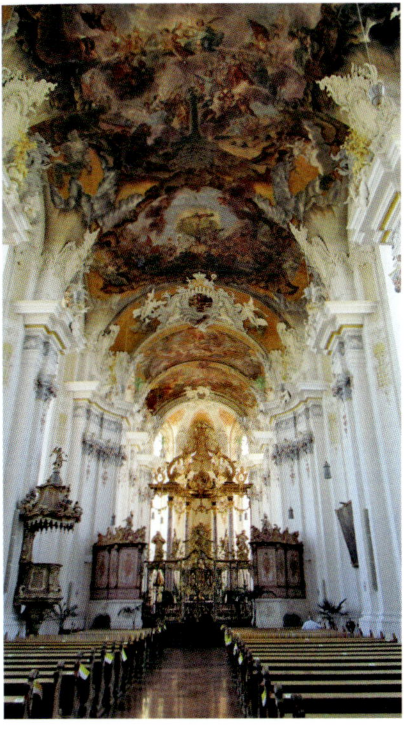

Vor allem die römischen Kaiser Augustus und Konstantin haben der Stadt zum Aufschwung verholfen und tragen noch heute zu ihrer Bekanntheit bei. Der wohl berühmteste Sohn der Stadt Trier ist Karl Marx. Sein Geburtshaus ist heute ein Museum und kann besichtigt werden.

Das Trier die älteste Stadt Deutschlands ist, lässt sich schon erahnen, wenn man die Fußgängerzone durch die weltberühmte Porta Nigra, das schwarze Tor, betritt. Die Triererinnen und Tierer lieben ihr Wahrzeichen und nennen sie liebevoll einfach nur „Pochta“. Viele weitere Bauten aus römischer Zeit, wie z. B. die Kaiserthermen oder das Amphitheater, sind unterschiedlich gut erhalten bzw. rekonstruiert. Geht man von der Porta Nigra geradeaus weiter, trifft man auf den Hauptmarkt mit seinen vielen prunkvollen Hausfassaden und dem Marktbrunnen, der dem Stadtpatron Petrus gewidmet ist. Hinter den Fassaden versteckt übersieht man schnell die Kirche St. Gangolf, die Trierer Marktkirche. Etwas außerhalb des Zentrums gelegen beeindruckt die Römerbrücke, deren Grundpfeiler bereits seit knapp 2.000 Jahren das Fundament der Brücke über die Mosel bilden und bis heute erhalten sind.

Der Heilige Rock

Der Heilige Rock ist die wichtigste Reliquie der Stadt Trier und wird im Dom St. Petrus aufbewahrt. Es handelt sich hierbei um das Untergewand, welches Jesus Christus am Tag seiner Kreuzigung getragen haben soll. Nach dem Johannesevangelium teilten die Soldaten die Oberbekleidung des Gekreuzigten nach dessen Tod. Das Untergewandt blieb jedoch unversehrt.

Laut historischen Überlieferungen hat die heilige Helena, Mutter des Kaisers Konstantin, das Untergewand im 4. Jahrhundert während einer Pilgerfahrt nach Jerusalem gefunden und der Kirche in Trier geschenkt. Erstmals urkundlich erwähnt wird der Heilige Rock jedoch erst in der Stadtchronik des 12. Jahrhunderts.

Die Reliquie ist der Öffentlichkeit nicht zugänglich und wird nur selten im Rahmen einer Wallfahrt ausgestellt – so zuletzt 2012, zum 500-jährigen Jubiläum der Erstausstellung. Seit der Ausstellung im Jahr 1996 finden jährlich „Heilig-Rock-Tage“ statt, während denen die Pilger zumindest den Schrein in der Heiligtumskammer besichtigen können.

Ob das Gewand in Trier wirklich von Jesus Christus getragen wurde, lässt sich mit historischen und naturwissenschaftlichen Methoden leider nicht beweisen.

Domstein

Den Domstein, eine in zwei Teile zerbrochene Granitsäule, finden Sie direkt vor dem Eingang des Trierer Doms. Um ihn rankt sich eine Legende, in die der Teufel höchstpersönlich involviert sein soll. Auch diese Geschichte spielt zu Zeiten des Kaisers Konstantin. Der Architekt, der mit dem Bau des ersten Doms beauftragt wurde, überlegte sich eine List, um die schweren Säulen aus dem hessischen Odenwald schneller zu beschaffen. Er erzählte dem Teufel, dass es sich bei dem Bau um ein Wirtshaus handeln würde. Angetan von der Idee eines großen, sündenhaften Wirtshauses half der Teufel gerne aus.

Als er die vierte und letzte Säule gerade herbeischaffte, sah er, wie der Bischof das Gebäude als Kirche weihte. Aus lauter Wut schleuderte er die Säule auf die Mauern und sie zerbrach in zwei Teile. Aufgrund dieser Schmach meidet der Teufel seither die Stadt. Es soll übrigens Glück bringen, vom Domstein herunterzurutschen.

In Wahrheit wurde die Säule bei der ersten Zerstörung des Doms zerbrochen und lag seitdem unter dem Fußboden. Dort wurde sie im Jahr 1614 wiederentdeckt und vor dem Haupteingang positioniert.

Die Jakobsmuschel als Wegweiser

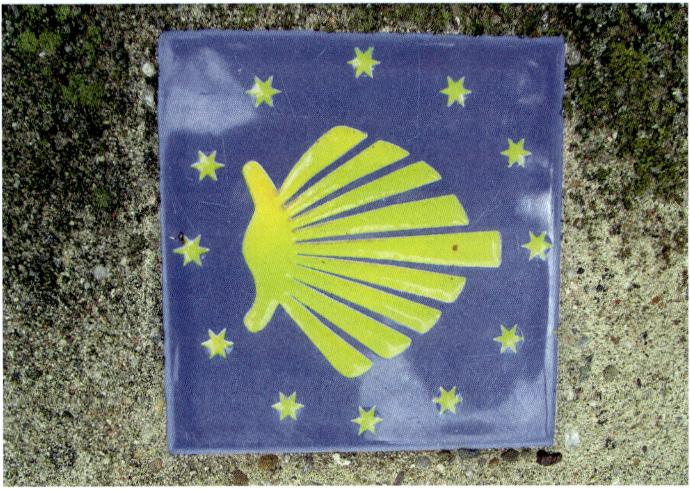

Nebenroute: Morbach-Gonzerath – Neumagen-Dhron

25,4 km, 6 Std. 20 Min., 226 m, 635 m, 118-608 m

0,0 km	540 m	Abzweig Morbach-Gonzerath
3,2 km	509 m	Grau Lei, Naturdenkmal
5,2 km	545 m	Abzweig auf die Nebenroute nach Neumagen-Dhron
10,4 km	573 m	Rastplatz
18,3 km	287 m	Angelsportverein Piesport
19,7 km	296 m	Schäferhof
23,5 km	118 m	St. Trinitas, Dhron
25,4 km	126 m	Neumagen-Dhron BANK ⌘

Die Nebenroute ist sehr lang, dafür aufgrund des stetigen Abstiegs Richtung Mosel angenehm zu laufen. Sie können sich von einem Taxi auch hinter der Grauen Lei an der Straße absetzen lassen und so ein paar Kilometer sparen. Die Nebenroute führt fast ausschließlich durch den Wald. Die Wegführung ist auf den ersten 5 km hinter der Abzweigung von der Hauptroute schnurgerade und flach, bevor es stetig bergab geht. Ein Schlenker durch eine kleine Schlucht kann auch abgekürzt (2,7 km weniger) und so die wenigen Höhenmeter dieser Etappe bergauf gespart werden. Wenn Sie schließlich die Aussiedlerhöfe erreichen, führt der Weg anschließend durch die malerischen Weinberge hinein in den ältesten Weinort Deutschlands mit seinem weltbekannten Neumagener Weinschiff.

☺ Ab der letzten Übernachtungsmöglichkeiten in Morbach-Gonzerath können Sie entweder denselben Weg zurück zum Abzweig laufen und treffen dort wieder auf die Hauptroute oder Sie sparen sich ein paar Schritte und laufen von Morbach-Gonzerath auf der Bundesstraße in Richtung Morbach. Sie treffen dann am Abzweig der Kreisstraße Richtung Villa Romana Veldenz auch wieder auf die Hauptroute.

Der Weg führt Sie, wie in der 4. Etappe beschrieben (☞, S. 89), vorbei am Naturdenkmal Graue Lei ❶. An der Abzweigung ❷ führt der Normalweg nach links. Die Wegalternative nach Neumagen-Dhron folgt hingegen geradeaus dem breiten Weg. Die Wegmarkierung der Nebenroute ist ein weißes „AU-N“ auf grünem Grund.

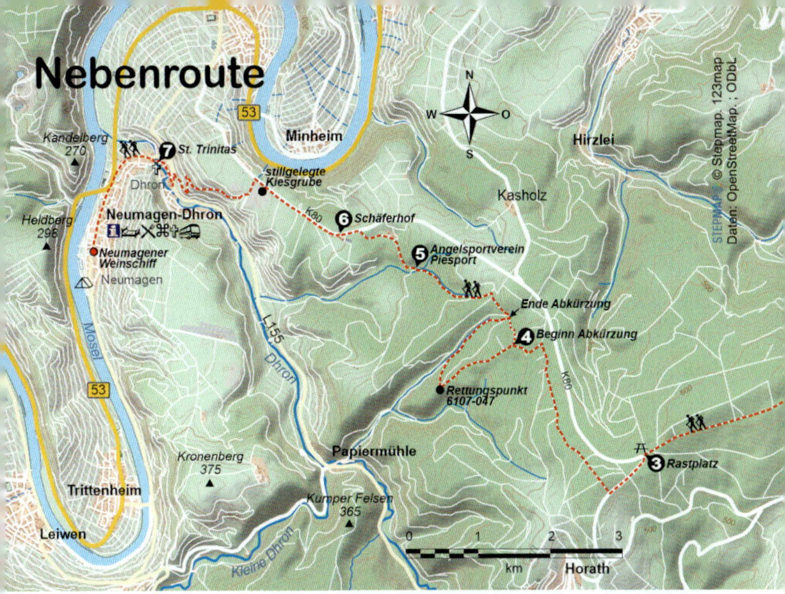

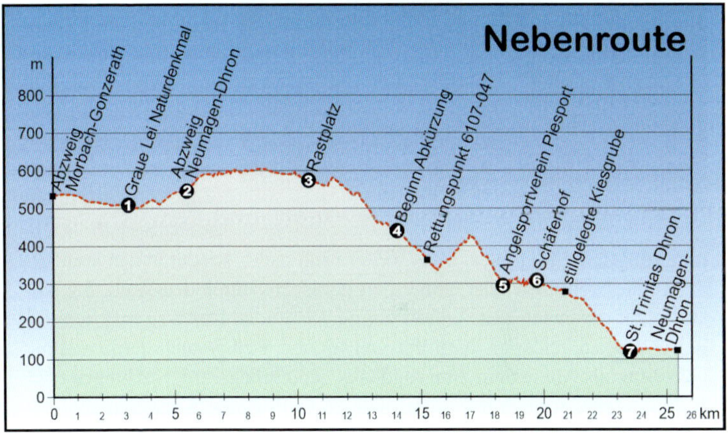

Auf ca. 5 km geht es nun geradeaus durch den Wald. Sie halten sich immer auf dem Hauptweg. Verschiedene Abzweigungen weisen auf nahe gelegene Orte hin, die Sie jedoch rechts und links liegen lassen. Sie laufen auch wieder an mehreren Windrädern vorbei.

Der Weg trifft schließlich wieder auf eine Straße (K 80), die an dieser Stelle eine scharfe Kurve macht. Hier befindet sich ein ⛼ Rastplatz ❸ mit mehreren Sitzgelegenheiten.

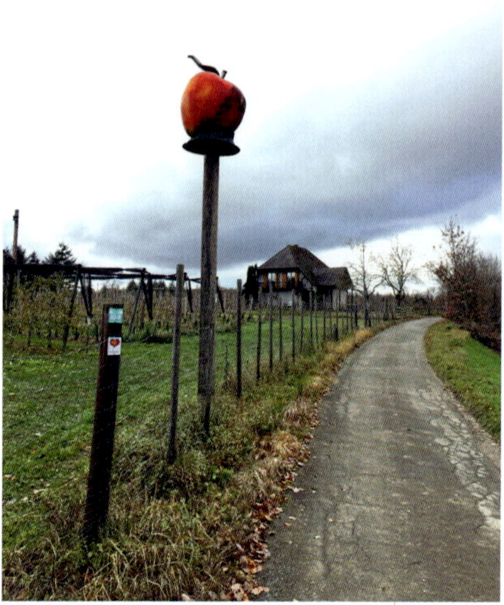

Der Schäferhof

Leider ist die Markierung an dieser Stelle nicht mehr vorhanden. Den nächsten Hinweis finden Sie erst wieder im nächsten Waldstück.

Sie folgen der Straße nach links und müssen ein Stück an ihr entlanglaufen. Auf der linken Seite öffnet sich dann der Wald und Sie haben einen tollen Weitblick auf die Höhenzüge des Hunsrücks. Auf dieser Wegführung wird es der letzte Ausblick dieser Art sein, denn ab hier geht es (fast) nur noch bergab Richtung Mosel. Sie biegen ca. 20 m weiter nach rechts wieder in den Wald ab.

Ab hier geht es wieder einige Zeit geradeaus durch den Wald. Sie passieren auf der linken Seite wieder einige Windräder. Der Weg trifft schließlich auf einen geteerten Weg, der von Einheimischen auch gerne mal mit dem Auto als Abkürzung zum Jagdhaus genommen wird. Sie biegen nach rechts auf den Weg ab und schließlich an der zweiten Abzweigung gleich wieder nach links auf den Waldweg.

Nach wenigen Metern führt der Weg rechts ab auf einen schmalen Pfad, der aber nach wenigen Metern wieder auf einen breiteren, gut ausgebauten Weg trifft. Hier sehen Sie schräg links vor sich ein weiteres Windrad ❹.

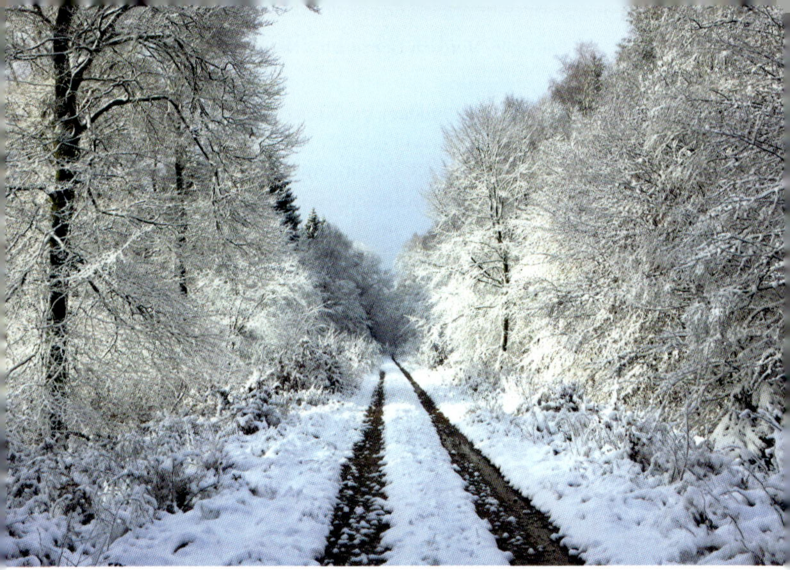

Die Nebenroute nach Neumagen-Dhron ist auch im Winter reizvoll

↳ Sie können an dieser Stelle eine Abkürzung nehmen. Dadurch kann der Weg um ca. 2,7 km verkürzt werden. Gehen Sie nach rechts und direkt die erste Abzweigung wieder nach links. Dann geht es ein kleines Stück bergab, bis Sie auf eine kleine Lichtung treffen. Die offizielle Streckenführung kommt hier von links und macht einen großen Bogen wieder hinein in den Wald.

Biegen Sie hier links ab und folgen dem Weg bergab. Dieser macht am Rettungspunkt mit der Nummer 6107-047 eine scharfe Kurve nach rechts. Es geht weiter bergab, bis Sie an eine kleine Schlucht treffen, durch die unten ein kleiner Bach durch das Gebüsch fließt. Ab hier geht es weiter nach rechts und ein Stück bergauf. Sie kommen schließlich auf eine kleine Lichtung am Ende der Schlucht.

Hier trifft die Abkürzung wieder auf die Wegführung.

Weiter geht es durch die Kurve und an der Weggabelung dahinter nehmen Sie den rechten Abzweig. Es geht wieder ein wenig bergauf.

Nach ca. 400 m gehen Sie am ersten Abzweig nach links vorbei ein paar Meter weiter geradeaus. Sie nehmen den zweiten Abzweig, der bergab führt. An der nächsten Weggabelung halten Sie sich weiter rechts bergab.

Schließlich erreichen Sie wieder eine Kreuzung, an der Sie rechts einen kleinen Teich sehen, aus dem ein kleiner Bach herausfließt. Sie laufen geradeaus über die Kreuzung und folgen dem Bachlauf immer weiter bergab. Der Wald ist hier sehr naturbelassen, es kann also der ein oder andere (auch größere) Ast oder auch mal ein Baumstamm quer über dem Weg liegen.

Sie treffen wieder auf einen besseren Weg und sehen auf der rechten Seite das Vereinsheim und den Weiher des Angelsportvereins Piesport ❺. Sie biegen rechts ab und der Weg macht gleich eine Kurve nach links. Es geht wieder ein kleines Stück bergauf. Sie sehen nach kurzer Zeit zwischen den Bäumen bereits einen ersten Aussiedlerhof. Es geht weiter am Hof vorbei, bis Sie die Kreisstraße erreichen.

Hier biegen Sie links ab und müssen an der Straße entlanglaufen. Sie sehen jedoch bereits den nächsten Aussiedlerhof (Schäferhof) ❻, an dem Sie auf einen Parallelweg zur Straße abbiegen können. Es geht entlang der Apfelplantagen des Hofs wieder zurück auf die Straße. Nach ca. 50 m können Sie aber wieder auf einen Feldweg parallel zur Straße ausweichen.

Sie erreichen schließlich eine alte, stillgelegte Kiesgrube. Der Ausoniusweg biegt dort an der ersten Abzweigung nach links ab. An der nächsten Abzweigung geht es gleich wieder nach rechts. An der kleinen Weggabelung, die unmittelbar darauf folgt, nehmen Sie wieder die linke Wegführung. Nun geht es hinein in die ersten Weinberge der Neumagener Winzer.

Ab hier führt der Weg nur noch bergab. In den Weinbergen finden sich ein paar ⩪ Bänken zum Ausruhen mit einem netten Blick auf den Ortsteil Dhron mit seiner imposanten Kirche.

An der ersten Weggabelung bleiben Sie auf dem linken Weg. Es folgt eine Kreuzung, der es geradeaus weitergeht.

Am nächsten Abzweig macht der Weg eine scharfe Kurve nach links. Den darauffolgenden Abzweig lassen Sie links liegen. Der Weg trifft auf einen Querweg, an dem Sie scharf rechts abbiegen.

Die beiden nächsten Abzweigungen – erst rechts, dann links – ignorieren Sie. Dann sind Sie unten im Ort angekommen.

Der Weg biegt hier gleich wieder nach links ab in die Dhronstraße. Weiter geht es an der Ecke mit dem kleinen Gedenkkreuz in die zweite Straße rechts (Metschert). Es geht vorbei an den ersten Weingütern des Ortes.

Dekorative Weinreben spannen sich direkt über die Straße und viele der Häuser sind schön hergerichtet. Weiter geht es bis zum Hinweisschild Richtung Kirchgasse. Dort biegen Sie links ab und sehen bereits einen Parkplatz und eine Kita. Der Weg führt Sie um den Parkplatz herum auf die Kirche zu. Die Straße ist hier recht schmal und macht einen Bogen nach rechts.

↳ Hier können Sie geradeaus entlang des kanalisierten Baches bis zum alten Mühlengebäude laufen. Durch dieses geht es auf einem schmalen Pfad zwischen zwei Häusern. An der Straße biegen Sie dann wieder links ab und treffen nach wenigen Metern am nächsten Parkplatz wieder auf die Wegstrecke.

Wenige Meter später geht es links vorbei an der Kirche St. Trinitas ❼. Am Ende der Straße biegen Sie nach rechts ab und stoßen schließlich auf die Hauptverkehrsstraße. Am Parkplatz treffen Sie wieder auf die Wegalternative.

Der Ausoniusweg führt jetzt nach links entlang der Straße (Brückenstraße). Sie passieren immer wieder viele der unzähligen Weingüter von Neumagen-Dhron.

Die Brückenstraße führt Sie in einem großen Bogen immer weiter in Richtung Mosel. Sie können gut auf dem Bürgersteig laufen. Nach ca. 800 m treffen Sie auf eine große Abzweigung Richtung Bundesstraße. Diese lassen Sie rechts liegen und bleiben weiter auf der Straße geradeaus, die Sie auf die Römerstraße führt. Den Friedhof lassen Sie rechts liegen und es geht hinein in den Ortsteil Neumagen. An der Straße finden Sie weitere Weingüter und zahlreiche Einkehrmöglichkeiten. Den Ortskern und damit das Ende des Weges am „Neumagener Weinschiff" erreichen Sie nach ca. 800 m.

↳ Sie können von der Römerstraße auch immer wieder rechts abbiegen in Richtung Mosel und dort auf dem Radweg entlang des Flusses laufen.

☺ Viele Winzerinnen und Winzer bieten Weinproben, Straußwirtschaften oder Vinotheken – eine gute Gelegenheit, die regionalen Weine und Speisen zu probieren.

Neumagen-Dhron

☏ 065 07, ✉ 54347

- Tourist-Information, Römerstr. 137, ☏ 65 55, touristinfo@neumagen-dhron.de, www.neumagen-dhron.de, Mai-Dez Mo-Fr 9:00-12:30 und 14:00-16:30, Sa 9:00-12:00, Jan-April Mo-Sa 9:00-12:00, ➲ wenige Meter hinter dem Wegende
- Hotel zum Anker, Moselstr. 14, ☏ 63 97, hotelzumanker@t-online.de, www.hotelzumanker.de, ÜF EZ € 85, DZ ab € 130, € 12, ➲ wenige Meter direkt an der Mosel
- ♦ Anfragen für Gästezimmer können auch über die Tourist-Information gestellt werden. Es gibt eine große Auswahl an Ferienwohnungen, die jedoch häufig erst ab 2 Nächten vermietet werden
- Im Ortskern finden Sie einige Restaurants und Cafés. Viele der zahlreichen Weingüter etwas außerhalb des Ortskerns eine Straußwirtschaft haben und bieten kleinen Speisen und den selbst produzierten Weinen an.
- Etwa stündlich fährt die Buslinie 220 ab Ortsmitte nach Trier.

⌘ **Neumagener Weinschiff**. Grabmal eines reichen Weinhändlers, ein Nachbau ist jederzeit zugänglich an der Peterskapelle ausgestellt. Das Original finden Sie im ☞ Rheinischen Landesmuseum in Trier.

♦ Römerstr. 96, offen zugänglich direkt an der Straße, ➲ am Ende des Weges

⌘ **Römerweinschiff Stella Noviomagi**. Der Nachbau eines historischen römischen Schiffes wurde 2007 fertiggestellt und hat seinen Heimathafen in Neumagener-Dhron gefunden. Das Schiff trägt bis zu 40 Personen und kann für Rundfahrten gebucht werden. (☞ Tourist-Information oben)

♦ Erwachsene € 18, Reservierung vorab empfohlen, Sa 15:30

✞ **St. Peterskapelle**. Fundort und Ausstellungsort des Neumagener Weinschiffs

♦ Rümerstr. 96, ➲ am Wegende

✞ **St. Trinitas**, Pfarrkirche im etwas oberhalb gelegenen Ortsteil, erbaut als neugotische Basilika aus Schieferbruchsteinen

♦ Kirchgasse, ➲ direkt am Weg

✞ **Pfarrkirche Maria Himmelfahrt**

♦ Römerstr. 102, ➲ wenige Meter hinter dem Wegende

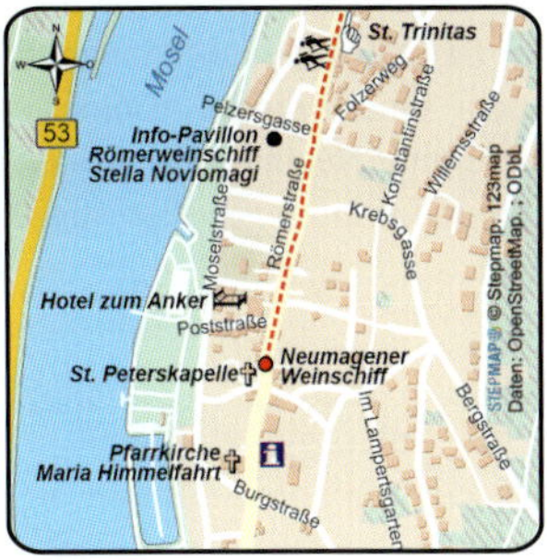

Weg durch Neumagen-Dhron

Neumagen-Dhron ist ein kleiner Ort direkt an der schönen Mosel. Auf die ca. 2.300 Einwohnerinnen und Einwohner kommen mehr als 20 Weingüter. Daher ist es nicht verwunderlich, dass sich auch historisch gesehen fast alles um den Weinbau dreht, denn Neumagen-Dhron ist Deutschlands ältester Weinort.

Auch die Römerinnen und Römer haben ihre Spuren hinterlassen. So befinden sich die Überreste eines Kastells direkt unter dem Ortskern. Auch Ausonius ließ sich von der Landschaft an der Mosel rund um Neumagen-Dhron zu seinem berühmtesten Werk „Mosella“ inspirieren.

Replik des Neumagener Weinschiffes

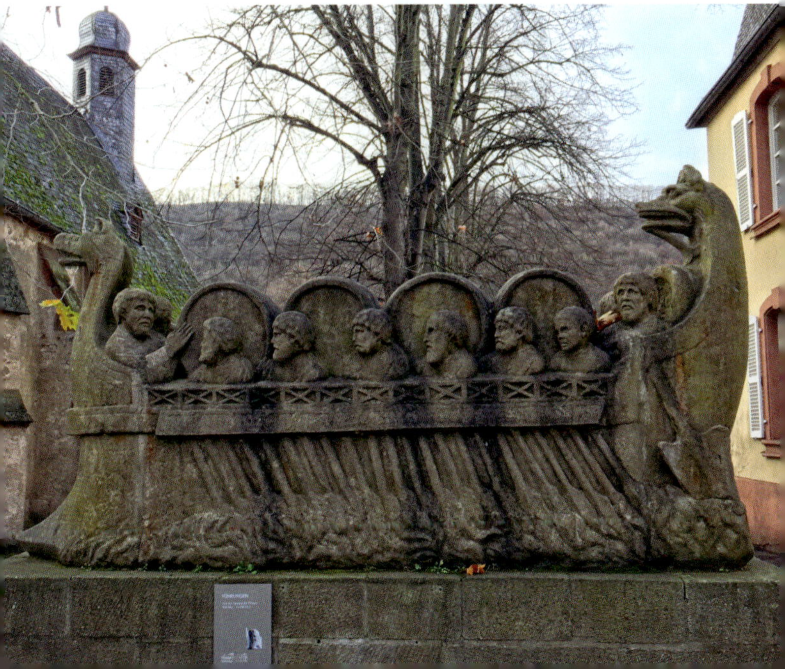

Ende des 19. Jahrhunderts wurde bei Grabungsarbeiten das Grabmonument eines reichen römischen Weinhändlers entdeckt – das weltweit berühmte Neumagener Weinschiff. Eine Replik ist im Ortskern öffentlich und jederzeit zugänglich ausgestellt.

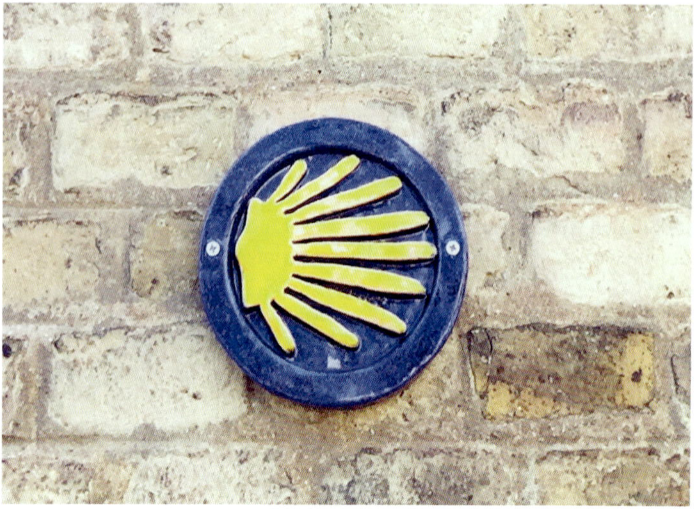

Der Jakobsweg hat viele Gesichter

☺ Jeden Samstag um 10:15 können Sie an einer geführten Gästetour durch Neumagen-Dhron teilnehmen. Weitere Informationen erhalten Sie über die Tourist-Information.

☺ **Lauschtour-App**. Alternativ zur Gästeführung können Sie sich die Lauschtour-App auf Ihrem Mobiltelefon installieren. Diese bietet kostenlos Audioguide-Touren in ganz Deutschland an. Die „Römertour Neumagen-Dhron" können Sie sich vorab herunterladen und so auch offline und ohne Gästeführer zum Abschluss Ihrer Wanderung einen eigenen, informativen Rundgang durch den Ort starten. Die Tour beginnt vor der Tourist-Information.

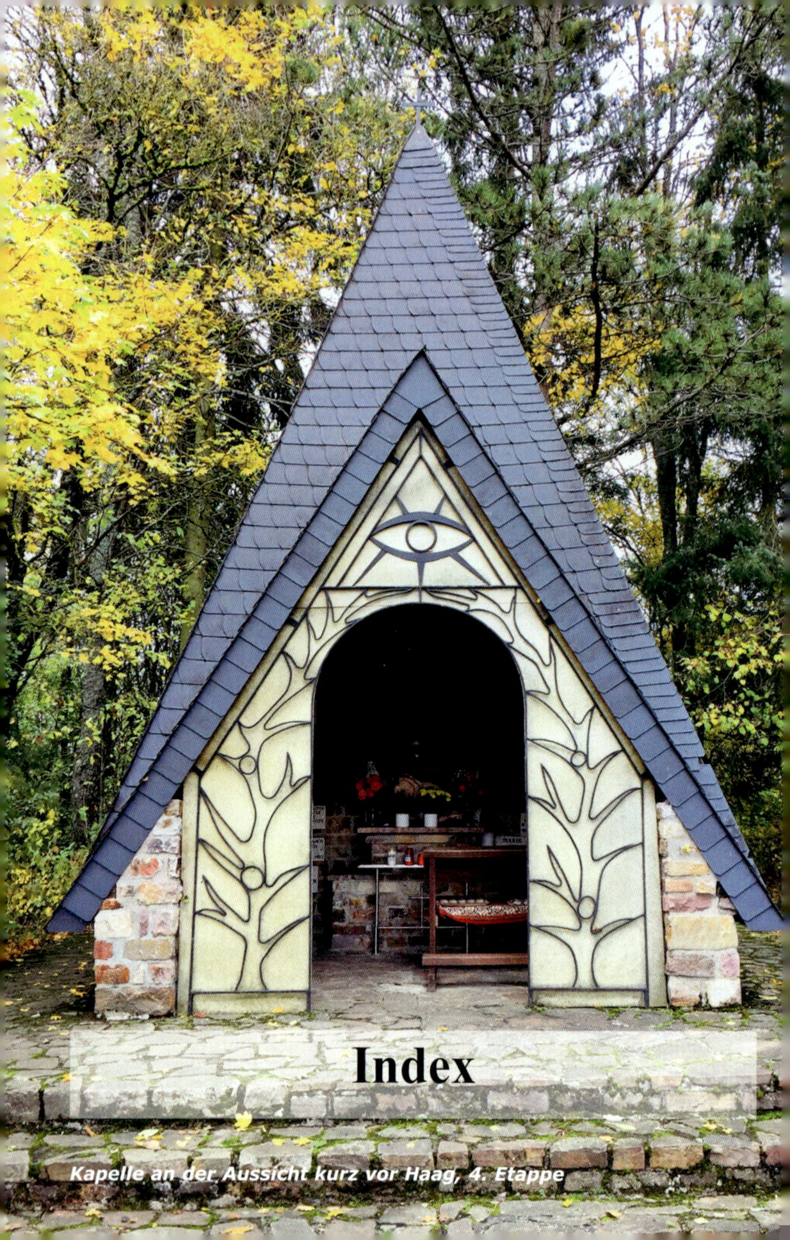

Index

Kapelle an der Aussicht kurz vor Haag, 4. Etappe

P

R

S

T

U

V

W